Krista Mertens

Lernprogramm zur Wahrnehmungsförderung

Sehr herzlich möchte ich meinen ehemaligen Studenten danken, die mich bei dem Schulversuch unterstützt haben, besonders Käthe Lemp und Marlene Lindemann; ebenso den Lehrkräften, Kindergärtnerinnen und Erzieherinnen.

Für die technische Begleitung danke ich dem Technischen Leiter des Zentrums für interdisziplinäre Lehraufgaben der Universität Gießen, Herrn Rosenbaum, und seinen Mitarbeitern, Frau Litzner und Herrn Wagner, auch meinen Fotografen, Herrn Löser und Frau Machner.

Ganz große Hilfe und viel Spaß hatten wir gemeinsam durch alle Kinder im Ev. Kindergarten Gießen-Wieseck, der Käthe-Kollwitz-Schule und der Sonderschulen in Gießen und Umgebung, deren Eltern uns die Kinder anvertrauten.

Dieses Projekt konnte erst durch die finanzielle Unterstützung der Deutschen Forschungsgemeinschaft verwirklicht werden. Die mit Hilfe der DFG zustandegekommenen Aufnahmen wurden für einen Videofilm (verlag modernes lernen, Dortmund) zusammengeschnitten. Der Lehrfilm zeigt – mit Ausnahme der ersten Einheit zur Geruchs- und Geschmackswahrnehmung – die in diesem Buch beschriebenen Übungseinheiten (B 6100).

Krista Mertens

Lernprogramm
zur
Wahrnehmungsförderung

verlag modernes lernen - Dortmund

© 1983 verlag modernes lernen, Borgmann KG, D - 44139 Dortmund

5., verb. Aufl. 2001

Herstellung: Löer Druck GmbH, 44139 Dortmund

 Bestell-Nr. 5211   ISBN 3-8080-0463-0

Inhalt

Vorwort zur 5. Auflage

Seit nunmehr 17 Jahren erscheint dieses Buch – jetzt in der 5. Auflage. Es freut mich sehr, daß es so große Beachtung gefunden hat.

Die vielen Rückmeldungen von Pädagogen, welche die Übungseinheiten bei Kindern in der Elementar- und Primarstufe einsetzen, ermuntern mich, dieses Buch in einer veränderten Fassung erneut vorzulegen. Da aber gerade im Wahrnehmungsbereich inzwischen eine Fülle an neuen Erkenntnissen, vor allem in den Bereichen der Neurologie und Psychologie, gewonnen wurden, sollen diese in die Überarbeitung mit einfließen.

Das Literaturverzeichnis wurde ebenfalls auf den neuesten Stand gebracht.

Die Übungseinheiten sind noch unverändert aktuell. Die Kinder sind sehr phantasievoll. Sie reagieren auf die Vorschläge, variieren sie und erfinden neue Beispiele. Solche neuen Ideen wurden in die bisherigen 25 Übungseinheiten integriert. Ein Thema zur Geruchs- und Geschmackswahrnehmung mit drei Einheiten ist hinzugekommen. Die Materialwahrnehmung wird, obwohl weiterhin in den Komplex der „Wahrnehmung der eigenen Körperfunktionen" eingebettet, getrennt behandelt. Insgesamt enthält das Lernprogramm jetzt zehn Förderschwerpunkte, welche in insgesamt 35 Teileinheiten untergliedert sind.

Titelfoto und Format sind ebenfalls neu. Ich hoffe, daß diese Änderungen den Leser und Nutzer ansprechen.

Berlin, Dezember 2000   *Krista Mertens*

1. Begründungszusammenhänge

Entwicklung erfordert einen Interaktionsprozeß des Kindes mit seiner materialen und sozialen Umwelt. In Abhängigkeit von Wachsen und Reifen wird durch Wahrnehmen, Verarbeiten der Informationen und Tätigsein des Menschen seine Selbst- und Welterfahrung auf sensorischer, körperlicher, emotionaler, materialer, kognitiver und sozialer Ebene erweitert. Dies vollzieht sich nicht quasi automatisch, sondern bedarf einer anregungsreichen Umgebung. Nicht nur das äußere Umfeld, sondern auch die Eltern und Erzieher leben die Freude an der Bewegung vor. Sie sind Vorbild und sollten bereit sein, sich mit den Kindern täglich zu bewegen, mit ihnen die Bewegungsräume – Halle, Wiese, Wald, Wasser usw. – aufzusuchen und mit ihnen zu spielen, zu laufen oder zu tanzen. Sie erkennen, finden, arrangieren Situationen zum Kriechen, Rollen, Wälzen, Laufen, Steigen, Klettern, Rutschen, Springen, Schaukeln, Fliegen *und* zum Besinnen und Erholen.

Die Bedeutung einer Bewegungserziehung für die Entwicklung der Persönlichkeit ist Grundprinzip in der Erziehung im Kindergarten, in der Schule und im Elternhaus. Im Sport werden nicht mehr alleine spezielle sportliche Techniken und Kunstfertigkeiten vermittelt, die *Erziehung durch Bewegung* als persönlichkeitsbildendes Element hat sich durchgesetzt.

Die Bewegungserziehung ist jedoch nicht allein im Bereich Sport angesiedelt, sondern greift in jeglichen Bereich des Lernens ein. Bereits aus der Reformpädagogik bekannt, mangelt es bisher nicht an Versuchen, das Konzept der *Erziehung durch Bewegung* fächerübergreifend anzuwenden. Als mit Erfolg erprobte, unterstützende ganzheitliche Methoden wären zu nennen: Das Lesen- und Schreibenlernen durch grobmotorische Übungen, Physik-, Erdkunde- und Sachkundestunden über Wahrnehmungsübungen und Rollenspiele im großen Raum, auch Musik bzw. Kunsterziehung in Verbindung mit ganzkörperlichen Bewegungen.

In der Verkehrserziehung hat sich das Erlernen der für den Straßenverkehr notwendigen Fähigkeiten wie Hören, Sehen, schnell Reagieren, Balancieren über Bewegungsformen im großen Raum – vor allem mit dem „Move-it-Konzept" – durchgesetzt (vgl. MERTENS 1999a).

Auf einem der ersten wegweisenden Kongresse, „Motorik im Vorschulalter", 1973 in Luxemburg, welcher die Bedeutung der Bewegung für die gesamte kindliche Entwicklung thematisierte, äußerte LAPIÈRRE (1975), daß bei Kindern im Vorschulalter „der Körper, das Objekt, die Handlung, das Denken, das Andere, das Ich, die Wahrnehmung, der Ausdruck, das Affektive, das Rationale, das Wirkliche, das Imaginäre eng miteinander verflochten" seien und alles sich erst nach und nach differenziere. Darüber hinaus verwies er darauf, daß der Gedanke nur ein Moment der motorischen Handlung, das Objekt zugleich wirklich und imaginär, der Körper noch kaum von der Außenwelt getrennt und der Ausdruck nur eine Verlängerung der Handlung wären. Insofern könne man „in keinem anderen Altersabschnitt berechtigter von 'Ganzheit' sprechen als im Vorschulalter" (LAPIÈRRE 1975, 43/44).

Erziehung über Bewegung als dynamischer Entwicklungs- und Lernprozeß fördert das Kind in seiner Ganzheit, ist Prävention von Fehlentwicklung und muß zum unverzichtbaren didaktischen Prinzip in der Elementarstufe werden. Erziehung und Lernen werden über Bewegung nicht nur leichter, sondern auch verständlicher und sollten eigentlich selbstverständlich sein.

An 200 Kindern im Entwicklungsalter von 4 bis 8 Jahren aus Kindergarten, 1. Klasse Grundschule, Vorklasse und Eingangsstufe der Sonderschulen wurde dieses Programm der Wahrnehmungsschulung erprobt. Wir förderten die Kinder im Zeitraum von drei Monaten zwei- bis dreimal wöchentlich je eine Stunde. Daß die Kinder mit hoher Motivation und Freude am Geschehen beteiligt waren, muß wohl kaum betont werden.

Die Wirksamkeit des Programms wurde an Hand verschiedener Wahrnehmungsverfahren getestet (FEW, Körperschema, optische Wahrnehmungsfähigkeit einschließlich der Figur-Grund-Wahrnehmung, KTK).

Die an dem Versuch als objektive Beobachter teilnehmenden 60 Studenten, die Erzieher und Kindergärtnerinnen sowie Lehrkräfte konnten abschließend feststellen, daß die Kinder vor allem ein selbstbewußteres und rücksichtsvolleres Verhalten zeigten. Sie waren freier, kontaktfreudiger und sicherer. Diese Beobachtungen decken sich mit Untersuchungen vieler Sportwissenschaftler. Verwiesen sei u.a. auf: AZÉMAR 1975; DIEM 1975; CRATTY 1979; KIPHARD 1998; RIEBEL 1980; RIEDER 1971; WASMUND-BODENSTEDT 1984 sowie ZIMMER 1995. Wesentlich sind noch die Anmerkungen der Grund- und Sonderschullehrer, die vor allem positive Auswirkungen dieser Wahrnehmungsschulung auf den Unterricht in den Fächern Sachkunde, Rechnen und Schreiben bezüglich des Begriffsverständnisses hervorhoben.

Es ist wünschenswert, dieses Programm weiterhin einer großen Anzahl von Kindergartenkindern, Kindern in den 1. Klassen der Grundschule sowie den Kindern im Eingangsbereich der Sonderschule zukommen zu lassen. *Bevor* die Kinder lesen, schreiben und rechnen lernen, sollten sie das Wahrnehmungsprogramm durchlaufen. Die Zeit, die für diesen Übungsbereich veranschlagt wird, läßt sich in den folgenden Monaten wieder einholen, da die eigene Person und die Umwelt für das Kind anschaulich erfahren und begriffen wurden. Die Kinder sind außerdem aktiver und phantasievoller. Über das Lernprogramm schulen sie ihre Koordinationsfähigkeit und Aufmerksamkeit und lernen, rücksichtsvoller miteinander umzugehen.

1.1 Didaktische und methodische Überlegungen

Beobachten wir das Kind – besonders das Kleinkind – in seiner Entwicklung, ist festzustellen, daß es auf die Umweltreize mit Bewegung reagiert: Es wendet z. B. den Kopf einem akustischen Signal zu, verharrt in der Bewegung, um das Geräusch intensiver aufnehmen zu können, verfolgt einen Gegenstand mit den Augen, betastet, beleckt, umfaßt das Material und verkündet mit Händen, Füßen, Mimik, Gestik sowie Lautäußerungen Wohlbefinden bzw. Unbehagen. Das Kleinkind, Kindergarten- und Grundschulkind erlebt und reagiert auf seine Umwelt ganzheitlich.

Diese Beobachtungen – und eigentlich Selbstverständlichkeiten – rücken leider in den Hintergrund, sobald von außen eine Einflußnahme in Form einer „Verschulung" durch Eltern, Betreuer, Erzieher oder Therapeuten erfolgt. Kognitive

Elemente treten in den Vordergrund, und die Bewegung wird auf das Fach
Sport oder Turnen als isolierten Schulungsbereich verbannt. Das Kind hat
jedoch Schwierigkeiten, sich auf die rein motorische Handlung einzustellen. In
die Bewegung fließen sensorische, affektive, soziale *und* kognitive Anteile mit
ein, die das Erfassen der Umwelt als Gesamtkomplex ermöglichen.

Will man Defiziten in der Aufnahme, Verarbeitung und Wiedergabe von Lern-
handlungen vorbeugen, muß der Bewegungsreiz über alle Sinne angeboten
werden, so daß das Kind ihn in seiner Ganzheit über Hören, Tasten, Sehen,
Schmecken und Riechen aufnehmen und verarbeiten kann. Optische, akusti-
sche und kinästhetische Wahrnehmung und Bewegung bilden eine biologische
Einheit, mittels derer sich das Kind seine Welt erobert. Das ganzheitliche Auf-
fassen ist auch eine anthropologische Grunddimension des Menschen, in der
die enge Verbindung von Körper, Bewegung und Umwelt besonders herausge-
stellt wird (vgl. BUYTENDIJK 1956; JETTER 1975).

In der Didaktik und Methodenlehre der Pädagogik wurde diese Idee der Konzentration auf ein Sachganzes schon früh erkannt und in die Unterrichtspraxis
umgesetzt (COMENIUS, HERBART, OTTO, DEWEY, KILLPATRICK, GAU-
DIG, MONTESSORI, FRÖBEL u. a.), sie geriet aber in der Unterrichtslehre
der Allgemeinpädagogik unserer Epoche wieder in Vergessenheit. Die Idee der
Erfassung des Menschen in seiner Ganzheit *über Bewegung* wurde in der psychomotorischen Erziehung seit der Jahrhundertwende von GUILMAIN in Frank-
reich aufgegriffen und von KIPHARD seit ca. 1955 in der Bundesrepublik sy-
stematisch verfolgt. Die sog. „psychomotorische Erziehungsmethode" legt den
Schwerpunkt auf das Bewegungserleben des Kindes. Die Kenntnis von den
Bewegungszusammenhängen im eigenen Körper und der Umgang mit vielseiti-
gem Material verbessern nicht nur die motorischen Fähigkeiten, sondern be-
einflussen den allgemeinen Lern- und Leistungsprozeß positiv (vgl. VAYER
1975; DECKER 1980, 1982; EGGERT/KIPHARD 1976; KIPHARD 1998; SCHIL-
LING 1977; ZIMMER 1994, 1995; KÖCKENBERGER 1996; MERTENS 1982,
1999b).

Das Kind macht sich auf der elementaren Lernstufe über *Handlungen* ein Bild
von seiner Umwelt. „Solches Handeln führt zur Konstruktion von elementaren
Gegenstands-, Raum-, Kausalitäts- und Zeitbegriffen" (SCHERLER 1975, 22).
Über ein Agieren und vielfältiges Variieren bringt der Mensch Ordnung, Ge-
setzmäßigkeiten, Zweckhaftigkeit, d. h. „Struktur" in sein Verhalten. In den
Anfängen der psychomotorischen Erziehung verweisen SCHILLING (1977),
EGGERT und KIPHARD (1976) auf die Interdependenz von Bewegungsvorstel-
lung, Bewegungsintention, Innervation und Bewegungsausführung, die in einem Kreisprozeß ablaufen und für das Bewegungslernen sowie auch die Erfassung möglicher Störungen von größter Wichtigkeit sind. Das Lernen des Kindes wird erleichtert und intensiviert, wenn die Bewegung als sinnvolles Ganzes
in den Unterricht eingebettet ist. Mit Hilfe von Wahrnehmung und Bewegung
baut sich das Kind ein raum-zeitliches Orientierungssystem in der materialen
und personalen Umwelt auf und entwickelt so seine praktische und begriffliche
Intelligenz. Auf der Grundlage der Neuropsychologie und kognitiven Psychologie wird diese definiert

„als die Art und Weise, in der ein Individuum Probleme löst und Informationen verarbeitet. Der Schwerpunkt liegt dabei auf der Vorgehensweise, d.h. der Gewandtheit bei der Informationsverarbeitung" (KAUFMAN in MELCHERS/ PREUß 1994, 7).

Intelligenz ist die Fähigkeit, zweckvoll zu handeln, vernünftig zu denken, Schwierigkeiten in neuen Situationen zu meistern, sich wirkungsvoll mit seiner Umwelt auseinanderzusetzen und im Verlauf der Entwicklung zu einem immer umfassenderen und vollkommeneren Gleichgewichtszustand zu gelangen (vgl. WECHSLER 1967; PIAGET 1973).

In den Studien zu den zerebralen Denkleistungen kristallisieren sich zwei Arten der mentalen Funktionen heraus, nämlich das „einzelheitliche Denken" – Ordnung von Einzelreizen – und das „ganzheitliche Denken" – die „gestalthafte und häufig räumliche Integration der Reize zur effektiven Problemlösung" (MELCHERS/PREUß 1994, 7). In diesem Integrationsprozeß müssen die Nahsinne (Riechen, Schmecken, Fühlen, Spüren – eingeschlossen auch der taktil-kinästhetische und propriozeptive Sinn) und die Fernsinne (Sehen, Hören) eine Ordnung finden.

In der Wahrnehmungsförderung kommt dem limbischen System – hierzu zählen u.a. der Mandelkern, das ventrale Striatum, das basale Vorderhirn, der Hypothalamus – eine besondere Bedeutung zu. Es prägt und formt in frühester Kindheit den Charakter und die Persönlichkeit, sorgt für die Bewertung der Erlebnisse und der Aktivitäten, prägt Ängste und ruft Hemmungen hervor. Negative und positive Erlebnisse in der Bewegung bleiben lebenslang im Gehirn verhaftet und können Ursache sein für eine Aversion gegen Bewegung, Spiel und Sport oder die freudvolle Bereitschaft, sich bewegen zu wollen. Über das limbische System werden auch weitgehend unbewußt grundlegend die Beziehungen zu anderen Menschen und das Verhältnis zur Welt gesteuert (vgl. ROTH 2000).

In diesem Zusammenhang muß erwähnt werden, daß auch im limbischen System die „Schranke" für den Dialogaufbau geöffnet oder geschlossen wird. Über die Art der Zuwendung, die Melodie der Sprache findet das Kind Zugang zur Bewegung oder wird diese ein Leben lang meiden. Glücklicherweise findet man im Unterricht kaum noch einen Militärton gepaart mit einer Trillerpfeife. Die entsprechenden Töne, der Tonfall sowie Tempi und Rhythmus in der Stimme, dazu Mimik, Gestik und Körperhaltung signalisieren dem Kind die Empathie, das Verständnis und das Angenommensein. Diese Signale helfen, Angst zu reduzieren oder ganz abzubauen und auch etwas Ungewohntes oder Neues zu wagen. Diesem Aspekt sollte in der Bewegungserziehung mehr Augenmerk geschenkt werden (vgl. GSCHWEND 2000).

Im Hinblick auf die Entwicklung der Intelligenzleistung des Kleinkindes, des Kindergarten- und Schulkindes ist das intakte Nerven- und Sinnessystem von größter Bedeutung. Eine gestörte Wahrnehmung hat zur Folge, daß das Kind nur eingeschränkt seine Umwelt erfassen kann. Leichte Zerebralschädigungen und Störungen der Reizleiterbahnen des pyramidalen und extrapyramidalen Systems führen zu Veränderungen in der Aufnahme und somit Beeinträchtigungen in der Wahrnehmungsverarbeitung und -ausführung. Neben den leider oft sehr spät erfaßten organischen Mängeln spielen ebenso die Konzentration

und das Gedächtnis, die Ausdauerfähigkeit, d. h. die Willens- und Durchhalte-
kräfte für die Schulung der Sensorien eine entscheidende Rolle. Eine gestörte
Wahrnehmungsfähigkeit im Kindesalter hat in der Regel eine verminderte kognitive Intelligenz zur Folge. In den ersten Lebensmonaten und -jahren wird
die Basis für die menschliche Intelligenz gelegt. In dem Zeitraum der höchsten
Entwicklungsgeschwindigkeit des Gehirns, d. h. der anatomischen Verände-
rung durch feste Verknüpfung zwischen den wachsenden Zellen im interneura-
len Dendritenapparat der Hirnrinde ist die frühe gezielte Förderung, besonders
über die Sensorien von größter Wichtigkeit (vgl. BÜRLI 1979; EGGERT 1976;
MERTENS 1982; VESTER 1975; HEESE 1978; NEUHÄUSER 1988;
GSCHWEND 2000).

Je vielfältiger und ausgesuchter die sensorische Reizaufnahme ist, desto lei-
stungsfähiger wird das Gehirn, um so sicherer wird das Kind im Umgang mit
Materialien, mit sich selber und seiner Umwelt. Intelligenzerweiterung als
Erziehung zum Denken erfolgt über den handelnden Umgang mit Dingen und
Personen.

Viele Autoren weisen auf den hohen korrelativen Zusammenhang von Motorik
und Intelligenz hin. Motorische Aufgaben machen deshalb einen Großteil der
Intelligenztests für Kinder aus. Die Art und Ausführung der Bewegung ist bis
ins Schulalter ein Gradmesser für Hirnreifung (vgl. HELLBRÜGGE 1994;
STRASSMEIER 1984; SARIMSKI 1986; KIPHARD 1996; DEEGENER et al.
1992; MELCHERS/PREUß 1994; u. a.). Die Beherrschung des eigenen Körpers,
Kenntnisse über die motorischen Funktionen, das bewußte Wahrnehmen und
Reagieren auf die Außenreize tragen zur Intelligenzerweiterung bei. Das Ziel
ist die Erziehung zur Handlungsfähigkeit. Das Kind erlangt Ich-, Sach- und
Sozialkompetenz.

1.2 Aufbau des Wahrnehmungsprogramms

Weil der Bereich Bewegung fachdidaktisch vielfach auch heute noch gesondert
in jedem Fach für sich – im Sport, in der Rhythmik, in der Musik, evtl. ansatz-
weise in der Sachkunde, in Deutsch oder im Rechnen usw. – angesprochen
wird, ist es nicht nur wünschenswert, sondern dringendes Anliegen, für den
Elementarbereich ein durchgängiges Konzept der *Erziehung durch Bewegung*
fächerübergreifend zu entwickeln. Durch die bisherige strenge Trennung der
einzelnen Unterrichtsfächer wird das Kind in Kindergarten, Vor- und Grundschule und in der Sonderschule in seinem Lernen beeinträchtigt. Die ganzheitliche Erziehung über Bewegung ist Grundprinzip für die Entwicklung des Kindes in den ersten zehn Lebensjahren und vor allem in der Didaktik der Sonderpädagogik eine Selbstverständlichkeit.

So erscheint es *im Unterricht der Elementarstufe* – Kindergarten, 1. und 2.
Klasse der Grundschule, Unterstufe der Sonderschule und für Kinder der Schule
für Geistig Behinderte in einem Entwicklungsalter bis zu 10 Jahren – sinnvoll,
die Bewegung, d.h. auch den Sportunterricht als ganzheitlichen Erziehungs-
prozeß in den Gesamtunterricht einfließen zu lassen, um sich *danach* erst auf
der Grundlage dieser umfassenden Einflußnahme auf sportartspezifische Techniken zu konzentrieren. In den letzten Jahren hat sich auch das „Move it"-
Konzept der Verkehrserziehung bewährt, in welchem für Kinder in Kindergar-

ten und Grundstufe aller Schulformen eine Fülle an Aktivitäten im großen Raum, im Klassenzimmer oder auf dem Schulhof als Prophylaxe für die vielfältigen Situationen im Straßenverkehr angeboten werden. Es enthält Spiel- und Übungsformen zur Schulung der visuellen, auditiven und kinästhetischen Wahrnehmung, rhythmischer Fähigkeiten und von Gleichgewicht und Reaktion (vgl. MERTENS 1999a).

Diese Gedanken führten dazu, ein Programm der Wahrnehmungsschulung zu entwickeln, welches dem üblichen Sportunterricht vorangestellt werden muß. Bevor das Kind die speziellen sportlichen Fertigkeiten erlernt und bevor es Lesen, Schreiben und Rechnen lernt, soll es ganzheitlich mit den in der folgenden Abbildung aufgeführten Schwerpunkten vertraut gemacht werden. In der Unterrichtsplanung konzentriert man sich auf einen Wahrnehmungsbereich. In der Praxis läßt sich eine solche Konzentration kaum realisieren. Die Bedeutung des Prinzips „Erfassen durch alle Sinne" steht immer im Hintergrund. Didaktisch wird man die Wahrnehmungsbereiche Schritt für Schritt anbieten müssen. Die Kinder lernen leichter, der Inhalt wird ihnen verständlicher, und sie erkennen besser die Zusammenhänge :

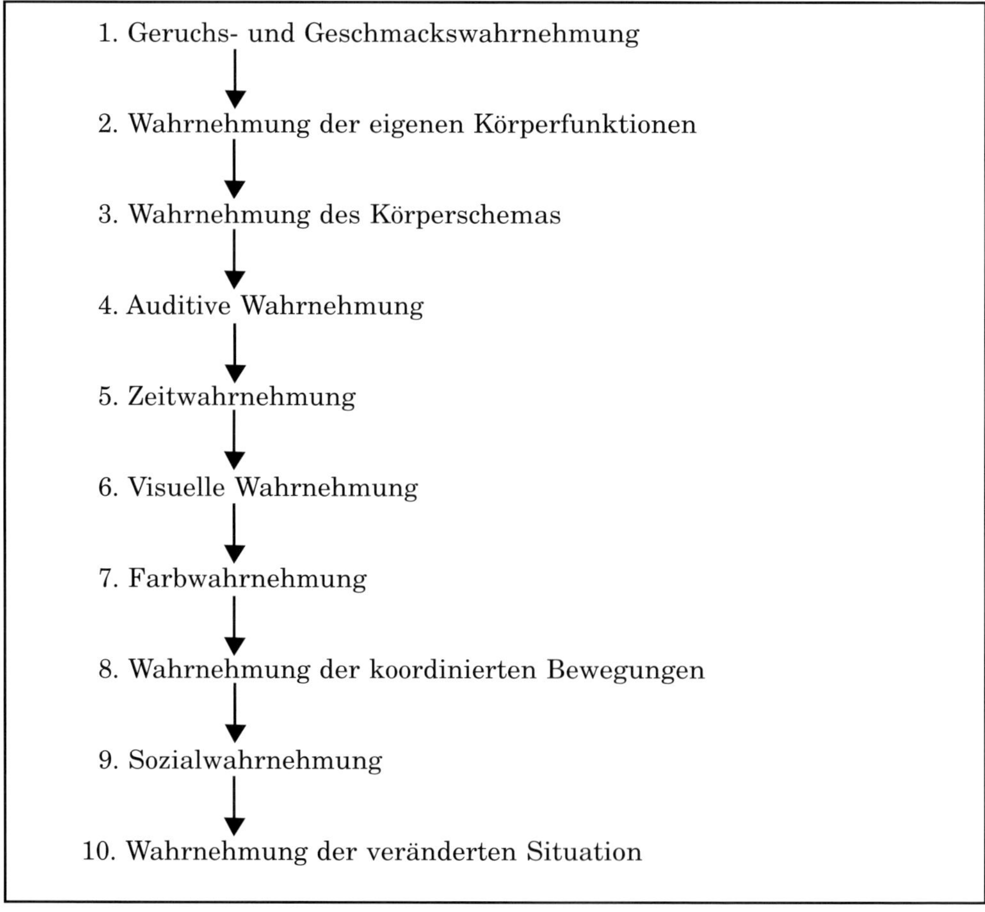

Abb. 1: Hierarchischer Aufbau der Inhalte des Wahrnehmungsprogramms

Die inhaltliche Struktur des Programms und die methodische Vermittlungsweise orientieren sich stark an den Phasen der Intelligenzentwicklung nach PIAGET:

- Das Kind befindet sich zu Beginn auf der Stufe des elementaren sensomotorischen Anpassungsverhaltens (Konklusion);

- durch ständiges Erproben der Reflexbewegungen erreicht es im 2. und 3. Stadium die Phasen der primären und

- sekundären Zirkularreaktionen. Das Kind wird fähig, Bewegungsabläufe zu steuern, interessante Erscheinungen andauern zu lassen und Vollzüge zu wiederholen.

- Auf der 4. Stufe ist das Bewegungsverhalten bereits so ausgebildet (Assimilation), daß eine Übertragung auf neue Situationen möglich wird.

- In dem 5. Stadium der tertiären Zirkularreaktionen können in diesem Reifungsprozeß durch ständiges Ausprobieren Bewegungsvariationen gefunden werden.

- Das Kind hat auf der höchsten Stufe die Fähigkeit erworben, auch neue Möglichkeiten – ohne vorher zu handeln – alleine durch geistige Kombinationen, über die Kognition zu erfassen
  (PIAGET 1973; vgl. auch FROSTIG 1994; JETTER 1975; MERTENS 1982).

AFFOLTER ergänzt die Aussagen PIAGETs durch Beobachtungen zum Lernprozeß an einer Vielzahl von Kindern. Sie erläutert das Entdecken, Erkennen, Sich-Orientieren und Um-Orientieren sowie das Problemlösen in der Wirklichkeit. Die Aneigung und Einverleibung der Welt sind hierarchisch geordnet:

I. Leben in der Wirklichkeit

    A. Die Wirklichkeit, wie sie ist

    B. Die Wirklichkeit wird verändert

II. Versagen in der Wirklichkeit

III. Lernen in der Wirklichkeit

    A. „Problemlösende Geschehnisse" als Wurzel der Entwicklung

    B. „Problemlösende Alltagsgeschehnisse" werden gespürt

    C. Gespürte „Problemlösende Geschehnisse des Alltags" werden
       verinnerlicht
       (vgl. AFFOLTER 1992).

Das Kind befindet sich zu Beginn auf der „modalen Stufe". Es konzentriert sich in der Regel auf die Reizaufnahme aus nur einem Sinnesgebiet. Bei der Reizverarbeitung strukturiert sich das Bewegungsempfinden.

Erst auf der „intermodalen Stufe" kommt es zu Verknüpfungsvorgängen der Eindrücke aus verschiedenen Sinnesbereichen. Die ersten Koordinationsvorgänge, taktil-visuell, auditiv-visuell, olfaktorisch-visuell und gustatorisch-visuell, bilden sich heraus. Stark emotional belastete Erfahrungen lassen den Vorgang schon „begreifen", z. B. möchte das Kind einen Keks ergreifen, weil er so gut schmeckt, oder es spuckt eine sehr salzige Speise wieder aus.

Auf der höchsten Stufe der „serialen Handlungen" werden verschiedene aufeinanderfolgende Reize räumlich und zeitlich integriert wahrgenommen. Das Kind hat sie bereits im Gedächtnis gespeichert, hat eine Ordnung vollzogen und kann sie jederzeit abrufen, so daß eine Handlung geistig ohne praktischen Vollzug vorwegnehmbar ist. Das Kind weiß, daß eine Herdplatte heiß ist, wenn es sie nur rot-glühend sieht und wenn damit evtl. nur der entsprechende Geruch verbunden ist. Es hat im Gedächtnis gespeichert, daß dampfende Gegenstände heiß sind. Das Kind muß diese schmerzhaften Erfahrungen mit den Händen nicht noch einmal machen.

Bei der Aufstellung eines Wahrnehmungsprogramms ist diese hierarchische Ordnung zu beachten, die sich an dem natürlichen Verlauf der kindlichen Entwicklung – speziell der Wahrnehmungsentwicklung – orientiert und sich spiralförmig, von den Erlebnissen in und mit dem eigenen Körper ausgehend, über Raum- und Zeiterlebnisse nach außen hin zum Partner und zur Gruppe wendet und öffnet.

Abb. 2: Fünf Ebenen des methodischen Aufbaus

Erläuterungen zur Abbildung:

Auf der untersten Ebene lernt das Kind sich selber, seinen Körper und seine Empfindungen kennen. Es nimmt sich über den kinästhetischen Sinn wahr. Es empfindet bewußt Wärme und Kälte, Nähe und Ferne, Druck und Weichheit, Geruch und Geschmack sowie Freude und Schmerz.
Über den taktilen Sinn, über den Geruchs- und Geschmackssinn, über Auge und Ohr werden die Reize aufgenommen, eingeordnet, verarbeitet, gespeichert und in Ausdrucksmotorik nach außen sichtbar umgesetzt. Das Kind lernt, mit seinem Körper umzugehen und die Kontrolle über sich zu haben. Erst wenn diese Erfahrungen ausreichend gemacht sind und in ein sinnvolles Bild eingeordnet werden können, ist es dem Kind möglich, sich ungehindert und ohne

viele Fehlversuche nach außen wenden zu können.

Die Raumwahrnehmung ist ein komplexes Geschehen. Sie entwickelt sich in Beziehung zum eigenen Körper und zur Zeit. Der Platz des Körpers im Raum und die Beziehung zwischen Körper und Raum formen sich zu einem inneren Bild. Lagebeziehungen und die Orientierung im Raum werden über Auge, Ohr und Haut erfahren und auf höherer kognitiver Ebene verarbeitet. Das Kind erhält eine Vorstellung vom dem Faktor Zeit über das Durchqueren des Raumes in unterschiedlicher Geschwindigkeit, das Einschätzen von Entfernungen oder die entsprechende Kraftdosierung.

Auf der dritten Stufe setzt sich das Kind verstärkt mit speziellem psychomotorischen Übungsmaterial auseinander. Es betastet, begreift, befühlt Spielgegenstände, Tücher, Bälle, Ballons, Stäbe oder Seile. Es probiert Klangmaterial wie Glocken, Pfeifen, Rasseln, Klangstäbe, Trommeln und Pauken aus. Es erfährt die Konsistenz der Materialien und deren Wirkung auf der Haut. Das Kind balanciert auf Wackelbrettern, Sportkreisel, schrägen Ebenen und Balken. Mit beweglichen und rollenden Geräten wie Stelzen, Pedalos, Rollbrettern, Rollschuhen oder Inlineskatern erfährt es die Weite des Raumes und die Geschwindigkeit. Es lernt, den Körper in einer neuen künstlichen Situation, z.B. unter einem großen Schwungtuch, auf dem Trampolin oder Air-Tramp oder in einer neuen natürlichen Situation, z.B. auf Eis, im Sand oder Wasser zu kontrollieren und zu beherrschen.

Auf diesen drei ersten Stufen ist das Kind vorwiegend mit sich selbst beschäftigt. Partner und Gruppe sind in diesem Prozeß zwar auch beteiligt, eine gezielte Anbahnung von Gruppenprozessen kann jedoch erst dann angestrebt werden, wenn das Kind sicher ist im Umgang mit sich selbst und den Materialien. Voraussetzung ist ebenfalls die Fähigkeit, sich über eine geraume Weile konzentrieren und aufmerksam zuhören zu können.

Auf der vierten Ebene wird verstärkt gemeinsam gespielt, gemeinsam organisiert, und es werden gemeinsam Probleme gelöst. Die Kinder lernen, Regeln aufzustellen, sie anzuerkennen und einzuhalten. Sie müssen ihren Standort in der Gruppe finden und auch mit Niederlagen fertigwerden. Toleranz, Fairneß und Hilfsbereitschaft sind Begriffe, die auf dieser Ebene verstanden und geübt werden.

Dieser Prozeß erfordert vom Lehrer viel Sensibilität und Einfühlungsvermögen. Der Spielraum des individuellen Entwickelns und kreativen Gestaltens muß gegeben sein und toleriert werden. Das Beobachten, das richtige Helfen und Eingreifen, ohne chaotische Zustände heraufzubeschwören, kann nur von dem Lehrer geleistet werden, der die Prinzipien des Erlernens von Bewegungsmustern in seiner ganzen Komplexhaftigkeit verstanden hat. Die Kinder sind auf der fünften Stufe so weit, daß sie durch das breite Angebot und das selbständige Ausprobieren mit und an Materialien auch selbst neue Ideen haben und sie umsetzen können. Das Material und das gemeinsame Tun in der Gruppe motivieren und regen zum Agieren und kreativen Spiel an. Der Bereich der neu erfundenen großen Spiele, der Tanz, das Rollenspiel und die Pantomime sind inhaltliche Schwerpunkte auf dieser letzten Stufe.

Obwohl die Zielsetzung stufenweise beschrieben wird, baut sich – wie oben schon erwähnt – dieser Lernprozeß spiralförmig auf und bezieht auch immer wieder rückblickend die bereits schwerpunktartig aufgegriffenen Inhalte in die folgenden Lernabschnitte mit ein.

1.3 Inhalte und Zielsetzungen des Wahrnehmungs-programms

Die Zielsetzungen der **10 komplexen Einheiten** stellen sich wie folgt dar:

1. Geruchs- und Geschmackswahrnehmung

Die Kinder sollen
- bestimmte Gerüche erkennen
- die Gerüche einem Objekt zuordnen
- das entsprechende Bild zu dem Geruch finden
- den Geruch mit dem entsprechenden Geschmack verbinden
- Erfahrungen verbalisieren
- über längere Zeit konzentriert sein

2. Wahrnehmung der eigenen Körperfunktionen

Die Kinder sollen
- ihre Körperteile erkennen und benennen
- ihre Bewegung bewußt wahrnehmen, steuern und kontrollieren
- taktil und kinästhetisch Druck und Materialbeschaffenheit erkennen
- ihre Körperzonen isoliert wahrnehmen
- ihre Lage im Raum bewußt verändern
- ihre Bewegungen einem Rhythmus anpassen
- sich nach Musik entspannen

3. Wahrnehmung des Körperschemas

Die Kinder sollen
- ihre Körperteile benennen
- Körperempfindungen den Körperzonen zuordnen
- ihren Körper beherrschen
- die Körperspannung halten
- nach schnellen Drehungen sich im Raum orientieren
- ihre Position/Körperlage im Raum verändern
- sich an einem Vorbild sehend/tastend orientieren und die Körperstellung nachahmen
- einen Gegenstand in einer bestimmten Raumlage postieren
- Begriffsverständnis von Präpositionen erlangen
- kreativ mit einem Tuch umgehen
- die Bewegung einer Musik anpassen

4. Auditive Wahrnehmung

Die Kinder sollen
- verschiedene Arten von Klängen unterscheiden und voneinander abgrenzen
- die Richtung der Tonquelle erkennen
- die Entfernung einer Tonquelle abschätzen
- mit der eigenen Stimme „spielen"
- Sprache kontrolliert einsetzen
- ihr Gedächtnis und ihre Merkfähigkeit trainieren

- sich partnerschaftlich verhalten
- als Gruppe gemeinsam handeln
- taktisch geschickt handeln
- ihre Phantasie und Kreativität anregen und ausspielen
- das Rohr als Verstärker der Stimme erkennen

5. Zeitwahrnehmung

Die Kinder sollen
- einen vorgegebenen Rhythmus heraushören und ihn nachschlagen
- auf Musik in Form eines „Frage-Antwort-Spieles" reagieren
- einen Rhythmus nach Tempo, Lautstärke und Tonhöhe variieren
- sich nach Musik bewegen – am Ort und im Raum
- ein Gerät (Schwungtuch) entsprechend der vorgegebenen Musik bewegen
- sich mit Hilfe von Musik entspannen und ausruhen

6. Visuelle Wahrnehmung

Die Kinder sollen
- den ganzen Raum über verschiedene Fortbewegungsarten und aus unterschiedlichem Blickwinkel erfahren
- überlegen und ausprobieren, wie ein Raum schnell und umfassend in seiner Ausdehnung und mit seiner Einrichtung erfaßt werden kann
- erkennen, daß eine gleiche Menge unterschiedlich viel Raum ausfüllen kann
- die Weite und Größe des Raumes über Wurfgegenstände visuell, auditiv, propriozeptiv erfahren
- den Raumweg kognitiv nachvollziehen und ihn verbal beschreiben
- den Raumweg in der Zweidimensionalität erfassen und in eine Zeichnung umsetzen
- sich konzentrieren
- sich an eine Gruppe anpassen, Rücksicht nehmen und sich gegenseitig helfen
- Erfahrungen kognitiv verarbeiten und verbalisieren

7. Farbwahrnehmung

Die Kinder sollen
- die Grundfarben erkennen und benennen
- Farben und Materialien sortieren bzw. zuordnen
- Farben im Raum herausfinden und benennen
- Farben in der Kleidung wiederfinden
- selbst mit Farben umgehen (malen)
- mit einer Farbe eine Handlung verbinden

8. Wahrnehmung der koordinierten Bewegungen

Die Kinder sollen
- Geräuschmöglichkeiten mit einem Ballon herausfinden
- kreativ mit dem Ballon umgehen
- phantasievoll den Ballon in eine Spielhandlung einbauen

    – mit ihrem Körper umgehen und ihn beherrschen lernen
    – Hilfsmittel zum Schlagen des Ballons kontrolliert einsetzen
    – zielen und treffen
    – Bewegungsabläufe vorwegnehmen und planen
    – sich auf einen Bewegungsablauf einstellen
    – Bewegungen in verschiedenen Raumlagen kontrolliert ausführen
    – sich auf einen Partner einstellen
    – gemeinsam miteinander spielen
    – Regeln einhalten

9. Sozialwahrnehmung

Die Kinder sollen
    – miteinander verbal und non-verbal in Kontakt treten
    – auf Signale reagieren
    – Namen behalten und den Personen zuordnen
    – Sympathie für einen Partner ausdrücken
    – Vertrauen in eine Gruppe und einen Partner haben
    – in der Verständigung Mimik und Gestik stark einsetzen
    – eine Aufgabe partnerschaftlich lösen
    – deutlich, langsam und verständlich sprechen

10. Wahrnehmung der veränderten Situation

Die Kinder sollen
    – sich auf dem Air-Tramp alleine, mit einem Partner und in der Gruppe koordiniert und sicher bewegen
    – vielfältige Fortbewegungsmöglichkeiten auf dem Gerät herausfinden und ausprobieren
    – selbständig Lösungsmöglichkeiten für den Auf- und Abgang am Gerät finden und erproben
    – den Druck und Widerstand des Air-Tramps erfahren
    – spüren, wo auf dem Gerät Bewegung ausgelöst wird
    – auf die Geräusche hören, sie unterscheiden und assoziieren
    – sich auf dem Gerät entspannen
    – auf den Partner und die Gruppe Rücksicht nehmen
    – gemeinsam auf dem Air-Tramp spielen

1.4 Literatur

Affolter, F.: Wahrnehmung, Wirklichkeit und Sprache. Villingen-Schwenningen 1992, 6. Aufl.

Azémar, G.: Motorische Entwicklung und Schulreife. In: Müller, H.-J. et al. (Red.): Motorik im Vorschulalter. Schorndorf 1975, 46-47

Bürli, A.: Internationale Fragestellungen und Tendenzen. In: Bach, H. (Hrsg.): Handbuch der Sonderpädagogik. Bd. 5. Berlin 1979, 41-54

Buytendijk, F.J.J.: Allgemeine Theorie der menschlichen Haltung und Bewegung. Berlin 1956

Cratty, B. J.: Motorisches Lernen und Bewegungsverhalten. Bad Homburg 1979

Decker, R.: Psychomotorische Erziehung im Vor- und Grundschulalter. In: Motorik 3 (1980) 1, 17-23

Decker, R.: Bewegungserziehung – Erziehung durch Bewegung. In: Unsere Kinder 37 (1982) 2, 25-32

Deegener, G. et al.: Neuropsychologische Diagnostik bei Kindern und Jugendlichen. Weinheim 1992

Diem, L.: Auf die ersten Lebensjahre kommt es an. Intelligenz durch Bewegungstraining. Stuttgart 1975

Eggert, D.: Psychologische Frühdiagnostik bei geistigbehinderten Kindern. In: Collatz, J. und Flatz, T. M. (Hrsg.): Geistige Entwicklungsstörungen. Genetische und Umweltfaktoren als Ursachen und als Grundlagen von Diagnostik, Therapie und Prävention. Bern u.a. 1976, 85-112

Eggert, D. und Kiphard, E. J. (Hrsg.): Die Bedeutung der Motorik für die Entwicklung normaler und behinderter Kinder. Schorndorf 1976

Frostig, M.: Die Bedeutung der Wahrnehmung für die Integration psychischer Funktionen. In: Lockowandt, O. (Hrsg.): Frostig. Integrative Therapie. Bd. 2. Dortmund 1994, 12-50

Funke, J. (Hrsg.): Sportunterricht als Körpererfahrung. Reinbek 1983

Gschwend, G.: Neurophysiologische Grundlagen der Hirnleistungsstörungen – erkennen, verstehen, rehabilitieren. Basel u.a. 2000, 2. Aufl.

Gibson, J.: Die Sinne und der Prozeß der Wahrnehmung. Stuttgart 1982

Heese, G.: Frühförderung behinderter und von Behinderung bedrohter Kinder. Berlin 1978

Hellbrügge, T.: Münchener Funktionelle Entwicklungsdiagnostik (MFED). Gauting 1994, 4. Aufl.

Jetter, K.: Kindliches Handeln und kognitive Entwicklung. Bern u.a. 1975

Kiphard, E. J.: Praxis der psychomotorischen Erziehung bei Geistigbehinderten. In: Clauss, A. (Hrsg.): Beiträge zur Sportmedizin. Bd. 12. Förderung entwicklungsgefährdeter und behinderter Heranwachsender. Erlangen 1981, 296-303

Kiphard, E.J.: Wie weit ist ein Kind entwickelt? Dortmund 1996, 9. Aufl.

Kiphard, E. J.: Motopädagogik. Dortmund 1998, 8. Aufl.

Köckenberger, H.: Bewegungsräume. Entwicklungs- und kindorientierte Bewegungserziehung. Dortmund 1996

Lapièrre, A.: Die psychomotorische Erziehung, Grundlage jeder Vorschulerziehung.
In: Müller, H.-J. et al. (Red.): Motorik im Vorschulalter. Schorndorf 1975, 42-46

Melchers, P. und Preuß, U.: K-ABC. Kaufman-Assessment Battery for Children. In-
terpretationshandbuch. Amsterdam u.a. 1994, 3.Aufl.

Mertens, K.: Die Bedeutung der Wahrnehmungsschulung im Sportunterricht der Ele-
mentar- und Primarstufe. In: Praxis der Psychomotorik 7 (1982) 1, 8-20

Mertens, K.: Zur Bedeutung der Bewegungserziehung für das sichere Verkehrsverhal-
ten der Kinder. In: Dt. Verkehrswacht e.V. (Hrsg.): Das 'move-it' – Buch. Mek-
kenheim 1999a, 5. Aufl.

Mertens, K.: Körperwahrnehmung und Körpergeschick. Dortmund 1999b, 5. Aufl.

Neuhäuser, G.: Bewegung in Diagnostik und Therapie aus der Sicht der Neuropädia-
trie. In: Hölter, G. (Hrsg.): Bewegung und Therapie interdisziplinär betrachtet.
Dortmund 1988, 9-23

Piaget, J.: Das Erwachen der Intelligenz beim Kinde. Stuttgart 1973

Riebel, H.-J.: Bewegungsdiagnose und Sportförderprogramme im Grundschulalter.
Frankfurt/M. 1980

Rieder, H.: Sport als Therapie. Berlin u.a. 1971

Roth, G.: Geist ohne Gehirn? Hirnforschung und das Selbstverständnis des Menschen.
In: Forschung und Lehre (2000) 5, 249-251

Sarimski, K.: Die wichtigsten Entwicklungstests und ihre Bedeutung. In: Brack, U.B.
(Hrsg.): Frühdiagnostik und Frühtherapie. München, Weinheim 1986, 59-65

Scherler, K.: Sensomotorische Entwicklung und materiale Erfahrung. Schorndorf 1975

Schilling, F.: Bewegungsentwicklung, Bewegungsbehinderung und das Konzept der
„Erziehung durch Bewegung". In: Sportwissenschaft 7 (1977) 4, 361-373

Straßmeier, W.: Frühförderung konkret. München 1984

Vayer, P.: Die Person des Kindes in einer ganzheitlichen Erfassung. In: Müler, H.-J. et
al. (Red.): Motorik im Vorschulalter. Schorndorf 1975, 17-22

Vester, F.: Denken, Lernen, Vergessen. Stuttgart 1975

Wasmund-Bodenstedt, U.: Die tägliche Bewegungszeit in der Grundschule. Schorndorf 1984

Wechsler, D.: Manual for the Wechsler Preschool and Primary Scale of Intelligence
(WPPSI). New York 1967

Zimmer, R.: Psychomotorische Therapie. Eine kindzentrierte Methode der Förderung
entwicklungs- und verhaltensauffälliger Kinder. In: Alfermann, D. und Scheid,
V. (Hrsg.): Psychologische Aspekte von Sport und Bewegung in Prävention und
Rehabilitation. Köln 1994, 16-26

Zimmer, R.: Handbuch der Sinneswahrnehmung. Basel, Wien 1995

2. Handhabung des Programms

- Die *Reihenfolge* der Übungseinheiten *ist mit geringen Austauschmöglichkeiten festgelegt.* Aus entwicklungspsychologischen Überlegungen heraus muß bei der „Schulung der Geruchs- und Geschmackswahrnehmung" begonnen werden. Es folgen weitere, sehr körpernahe Bereiche, also „Körperfunktionen" und „Körperschema", um dann vom Körper weg in den Raum hineinzuhorchen und -zusehen.

- In dem Programm können die Einheiten „Auditive Wahrnehmung" und „Zeitwahrnehmung" untereinander vertauscht werden. Wenn sich das Kind in einem Raum bewegt, werden gleichermaßen Geräusche aufgenommen, ebenso können über Klänge die Entfernung und die Weite eines Raumes eingeschätzt werden. Der Lehrer kann auch wählen, ob er vor der auditiven Einheit mit der visuellen beginnen möchte. Erst nach diesen beiden Förderschwerpunkten schließen sich die komplexeren Bereiche der koordinierten Bewegungen und sozialen Bezüge an.

- Die einzelnen Übungen in den jeweiligen Stunden sind als Anregung gedacht. Es ist möglich, diese Stunden genau in der beschriebenen Form zu übernehmen. Da jeder aber eine andere Gruppe vor sich hat, wird eine Kopie in den seltensten Fällen gelingen. Der Lehrer kann entweder nur einzelne Übungen herausnehmen, oder er kann diese abwandeln und neue Teile dazu erfinden. Die Einheiten werden dann allerdings das vorgeschlagene Zeitmaß überschreiten.

- Die Einteilung der einzelnen Stunden zeigt zwei bis fünf Abschnitte, die durch römische Ziffern gekennzeichnet sind. Diese markieren die Teileinheiten von ca. 30 Minuten Dauer. Gerade bei einer phantasievollen Aus- und Umgestaltung der Stunde wird Zeit gelassen, sich intensiver mit der Thematik auseinanderzusetzen.

- Die Zeitangabe ist nur Richtschnur. Der Lehrer muß für die Dauer der Übungen und die Ansprechbarkeit der Kinder, also deren Motivation, ein Gespür haben. Sensibel für eine Situation zu sein, die Kinder in ihrer Spontaneität und Kreativität nicht einzuengen, ohne chaotische Zustände heraufzubeschwören, kennzeichnen den guten Pädagogen.

- Es ist durchaus möglich, daß eine (Teil-)Einheit für die Kinder noch zu schwer ist bzw. auch zu leicht. Kennen die Jungen und Mädchen z. B. bereits die Grundfarben in der Einheit „Farbwahrnehmung", muß die nächste Stufe der Mischtöne (gelb/rot = orange, blau/gelb = grün, rot/blau = violett usw.) als Lernziel angestrebt werden. So kann mit etwas Flexibilität jede Einheit dem Lernniveau der Kinder angepaßt werden. Die Zielstellung der Stunde darf jedoch nicht aus den Augen verloren werden.

- In der Übungspraxis muß den Kindern immer wieder Gelegenheit gegeben werden, mit den angebotenen Materialien Übungsformen selbständig zu erfinden, neue Bewegungen zu gestalten und ihrer Phantasie freien Lauf zu lassen. Der Lehrer gibt in diesen Situationen zwar Anregungen, tritt jedoch häufig mit seinen konkreten Anweisungen zurück, um die Phantasie und den Ideenreichtum der Kinder nicht einzuengen. Das Abwartenkönnen und der nötige Impuls an der richtigen Stelle sind Merkmale dieser offenen Lernsituation. Die Kinder erhalten lediglich nur den Anstoß, um mit ihrem Körper und seinen Bewegungsmöglichkeiten sowie mit den Materialien experimentieren zu können.

- Die Methode des Vor- und Nachmachens ist generell zu vermeiden. Das Kind soll selber den Lösungsweg finden, wobei der schwächere sich von alleine an dem stärkeren Partner orientiert.

Als Richtmaß wurden für die einzelnen Einheiten folgende Zeiten veranschlagt:
Ca.

60'	1. Geruchs- und Geschmackswahrnehmung	(3 Einheiten)
90'	2. Wahrnehmung der eigenen Körperfunktionen	(4 Einheiten)
95'	3. Wahrnehmung des Körperschemas	(3 Einheiten)
95'	4. Auditive Wahrnehmung	(4 Einheiten)
90'	5. Zeitwahrnehmung	(3 Einheiten)
95'	6. Visuelle Wahrnehmung	(5 Einheiten)
90'	7. Farbwahrnehmung	(4 Einheiten)
60'	8. Wahrnehmung der koordinierten Bewegungen	(3 Einheiten)
95'	9. Sozialwahrnehmung	(4 Einheiten)
90'	10. Wahrnehmung der veränderten Situation	(2 Einheiten)

= insgesamt 35 Übungseinheiten

Je jünger und auch je bewegungsbeeinträchtigter die Kinder sind, desto länger werden die Übungseinheiten dauern. Bei den drei- bis vierjährigen Jungen und Mädchen und der Gruppe der geistig behinderten Kinder benötigten wir drei und mehr Stunden, bis wir das jeweilige Unterrichtsthema abschließen konnten. Diese Gruppe war auch zu Beginn nicht mehr als 20 Minuten konzentrationsfähig. Es konnte jedoch eine Steigerung der Belastungsfähigkeit bis zu 60 Minuten beobachtet werden. Auch die jüngsten Kindergartenkinder (drei Jahre) bewegten sich nach ca. einem Monat bis zu einer Stunde intensiv und aufmerksam im Raum. Allerdings sollte *keine* Einheit länger als eine Stunde dauern, um die Kinder nicht zu überfordern. In den Stunden werden das kognitive Vermögen und die Konzentration stark beansprucht. Das bedeutet, daß immer wieder Ruhe- und Entspannungsphasen eingebaut werden müssen.

Es ist wünschenswert, täglich 20 bis 30 Minuten mit diesem Programm zu arbeiten. Aber auch zwei bis drei Stunden wöchentlich – verteilt auf mindestens zwei, besser drei Einheiten – fördern das Kind in seiner Wahrnehmungsfähigkeit. So kann in der Grundschule das Programm mit jeweils zwei Wochenstunden nach drei Monaten durchlaufen sein. Im Kindergarten und in der Gruppe der Lernbehinderten wird ca. ein halbes Jahr bis ein Jahr daran gearbeitet werden müssen, geistig behinderte Kinder werden mehrere Jahre mit dem Programm üben können.

Die Berücksichtigung des entwicklungsgemäßen Aufbaus bedingt zwangsläufig, daß zu Beginn des Programms ruhigere Übungen ausgewählt wurden. Die Bewegungsabläufe konzentrieren sich zunächst mehr auf Bewegungen am Platz, und erst allmählich entfernt sich das Kind von seinem eigenen Raum und bewegt sich in den Großraum hinein.

Um das Antrainieren von festen Bewegungen und Lösungen zu vermeiden, wurde auf das *Variieren von Bewegungsmustern* geachtet. Das bedeutet, daß ein Teilziel nicht nur in der einen Situation, sondern in vielfältigen ähnlichen Variationen eingeübt werden muß. Lernen vollzieht sich in einer ständigen Wechselwirkung zwischen Individuum und Umwelt. Ein Außenreiz wird wahrgenommen. Im Gehirn wird er mit eventuell schon bekannten Erfahrungen verglichen, er wird einsortiert und gespeichert. Auf den Außenreiz erfolgt dann die Rückmeldung durch Bewegung als Reaktion nach außen hin. Damit es auch zu einer möglichst großen Anzahl von Speicherungen im Gehirn kommen kann, soll den Kindern eine breites Angebot gemacht werden. In der Praxis bedeutet das, daß nicht nur *ein* Bewegungsablauf in *einer* bestimmten Situation geübt werden darf, sondern möglichst viele Erfahrungen gemacht werden müssen. KIPHARD gibt dabei das Beispiel vom Gehen „nicht nur auf ebenem Boden..., sondern ebenso auf welligem Gelände, auf glatter Unterfläche, auf wabbeligem Untergrund (Luftmatratze, Trampolin, Air-Tramp), eine Böschung hinauf oder hinunter, auf sandigem Untergrund durch knöchelhohes Wasser und dgl. mehr" (KIPHARD 1981, 299). Durch die Kette von gesammelten Bewegungserfahrungen bilden sich Bewegungsmuster heraus, die verinnerlicht das Gesamtbild der Bewegung, das Bewegungsschema prägen.

In der Unterrichtseinheit „Körperschema" werden die Begriffe „auf-neben-rechts-links-vorne-hinten-oben-unten"

1. mit dem eigenen Körper in Verbindung mit einem kleinen Vierecktuch erfahren,
2. noch einmal mit diesem Vierecktuch und einem Spielgegenstand verdeutlicht und schließlich
3. mit der gesamten Gruppe an einem großen Tuch noch einmal gefestigt.

Somit wird die Erweiterung der Wahrnehmungsfähigkeit, d.h. die Sicherheit in der Bewältigung der Umweltanforderungen erreicht. In dieser Art von Lernprozeß werden die vielfältigen Erfahrungen verinnerlicht, das Kind wird sicher im Umgang mit den verschiedenen Materialien und den vielfältigen Situationen. Es müssen also neben diesen Möglichkeiten des Erprobens auch Situationen in den Unterrichtsablauf eingeplant werden, in denen die gemachten Erfahrungen verarbeitet werden können. Die Kinder müssen die Erlebnisse untereinander und mit dem Lehrer austauschen können. Sie sollen artikulieren, was Spaß gemacht hat und wobei sie Schwierigkeiten, sogar Ängste hatten, um die Bewegung bewußt erfassen zu können. Diese Phasen der kognitiven Verarbeitung sind von größter Bedeutung und verstärken den Lern- und Speicherungsprozeß. Sie dienen auch der Erweiterung des Sprachschatzes und wirken auf die innere Ruhe und Konzentrationsfähigkeit ein.

Raum zu schaffen für Möglichkeiten der Entspannung und inneren Sammlung ist durchgängiges Prinzip der Übungsstunde, vor allem bei behinderten, bei unruhigen und erregten Kindern. Einzelbereiche der konzentrativen Therapien, wie Sensitivformen, Atemübungen und Bewegungen nach beruhigender Musik, sind aus dem Bewegungsunterricht nicht mehr wegzudenken. Sie lenken das Bewußtsein auf den eigenen Körper, auf das Erfassen von Stimmungen und Gefühlen und bewirken eine Ausgeglichenheit. Das wirkt sich einmal auf das Kind selber, dann aber vor allem auf die Beziehung zum Partner und die ganze Gruppe aus. Da viele Kinder sich nicht aus ihrer Egozentrität lösen können, sie oft nicht mehr angeleitet werden, rücksichtsvoll miteinander umzugehen, sich gegenseitig zu achten, zu erkennen, daß der andere Mensch auch Bedürfnisse hat, den Schwächeren zu akzeptieren und nicht auszulachen, sondern ihm zu helfen, ist dieser Übertragungsprozeß vom eigenen Ich zur Gruppe auch eine der wesentlichen Zielsetzungen des Programms.

Es ist zu überlegen, ob das Programm nicht in jeden Stoffplan in Kindergarten oder der ersten Klasse der Grundschule aufgenommen werden kann. Bei entsprechender diagnostischer Absicherung mit Überprüfungsverfahren zur Wahrnehmungs-, Konzentrations- und Bewegungsfähigkeit des Kindes eignet es sich als Förderprogramm für das behinderte und entwicklungsverzögerte Kind. Das Programm liefert aber auch Anregungen für den regulären Sportunterricht in jedem Lebensalter. Der Lehrer kann einzelne Aufgaben bzw. kleine Abschnitte herausnehmen und in seine Einheit integrieren.

In den dargestellten Stunden wird mit den üblichen Spiel- und Sportgeräten geübt. Der Lehrer darf jedoch nicht auf die vorgeschlagenen Materialien fixiert sein. Vierecktücher lassen sich ohne weiteres selbst nähen, Klangmaterial läßt sich aus Dosen, Holzstäbchen, Pfeifen z. T. herstellen oder mit etwas Suchen in Spielwarengeschäften auftreiben. Auch ein Körperschemamännchen ist ohne Mühe aus festem Karton oder Holz auszuschneiden; Farbkarton haben wir uns auch selbst gearbeitet. Etwas Probleme macht das große Air-Tramp in der letzten Einheit. Hier kann auf ein normales Trampolin oder eine Weichbodenmatte bzw. auf Luftmatratzen, die zu einer Fläche aneinandergereiht worden sind, ausgewichen werden. Mit etwas Phantasie ist die Anschaffung von speziellem psychomotorischen Übungsmaterial nicht notwendig, obwohl heutzutage auch diese nicht sehr teuren Geräte in der Regel in den Bestand von Kindergarten, Grundschule und Sonderschule aufgenommen worden sind.

Das gleiche gilt für die verwendete Musik. Sie wurde entsprechend den Zielen: Gehen nach Musik, Hüpfen, Schwingen eines Tuches, Entspannung usw. ausgewählt und zusammengeschnitten. Es ist also nicht notwendig, genau diese angegebenen Stücke zu verwenden. An ihrer Stelle können auch Musikstücke aus dem eigenen Bestand herausgesucht werden, die sich gerade für diese Aufgabenstellung eignen.

In diesem Sinne also weiterhin viel Freude mit dem Programm!

3. Praktische Übungseinheiten

3.1 Geruchs- und Geschmackswahrnehmung

Ziele: Die Kinder sollen
- bestimmte Gerüche erkennen
- die Gerüche einem Objekt zuordnen
- das entsprechende Bild zu dem Geruch finden
- den Geruch mit dem entsprechenden Geschmack verbinden
- Erfahrungen verbalisieren
- über längere Zeit konzentriert sein

Phase/ Zeit	Didaktisch-methodische Absicht	Inhalt	Organisation/ Medien	
I. ca. 7'	Zu Beginn der Einheit sollen die Kinder sich zuerst einmal bewegen, da längere Ruhe- und Konzentrationsphasen folgen. Sie bewegen sich im Raum und lassen sich von dem Geruch leiten. Der Duftstoff soll erkannt werden.	Verschiedene Duftstoffe sind im Raum verteilt. Die Kinder werden ermuntert, diese zu erkennen. Sie laufen in Richtung der Duftquelle und riechen an dem Tuch. Der Vorgang wird mehrmals wiederholt.	Vor der Stunde werden Düfte von Zitrone, Apfelsine, Minze, Kakao, Vanille o.ä. auf ein Tuch aus Stoff oder Papier getröpfelt. Die Tücher liegen/hängen an verschiedenen Stellen im Raum aus. Die Kinder laufen frei im Raum.	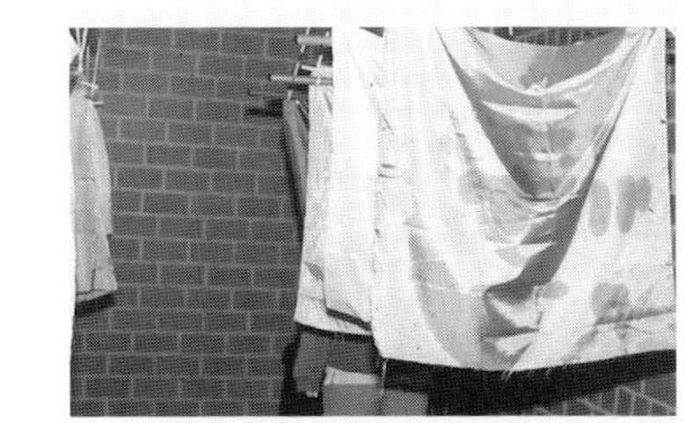
5'	Der Duft soll benannt und zugeordnet werden. Die Kinder sollen sich erinnern und ihre Erfahrungen über diesen Duftstoff austauschen.	Die Düfte, welche die Kinder erkannt haben, sollen benannt werden. Anschließend sitzen die Kinder im Kreis und erzählen, welche Erlebnisse/Erinnerungen sie mit dem Geruch verbinden.	Kinder sitzen/hocken mit dem L. im Kreis.	

Phase/ Zeit	Didaktisch-methodische Absicht	Inhalt	Organisation/ Medien
3'	Es wird die gezielte Geruchswahrnehmung verfolgt, indem die Kinder dem vom L. benannten Duft nachgehen sollen. Damit wird die Verbesserung der Geruchsorientierung und der kognitiven Zuordnungsfähigkeit erreicht.	Der L. (oder ein Kind) benennt den Geruch, zu welchem die Kinder gehen sollen. Haben sie das entsprechende Tuch gefunden, schnuppern sie daran.	Kinder laufen frei im Raum herum.
5'	Die wahrgenommenen Gerüche sollen mit dem entsprechenden Bild verbunden werden. Es wird eine Steigerung der Erinnerungs- und Kombinationsfähigkeit erreicht. Die korrekte Zuordnung kann kontrolliert werden.	Jedes Kind nimmt sich ein mit dem entsprechenden Duft beträpfeltes Tuch und legt dieses auf das entsprechende Bild. Alle Kinder wandern von Bild zu Bild, schauen sich dieses an und riechen an dem danebenliegenden Tuch. Der L. ordnet absichtlich ein Tuch einem Bild falsch zu, falls die Kinder alle Angaben richtig gelöst haben.	Bilder/Fotos von Apfelsine, Zitrone, Obststand, Kakaopflanze, -bohnen, Tasse mit Kakao, Vanillestange, Minzpflanze usw. liegen auf dem Boden bzw. hängen an den Wänden. Die Kinder bewegen sich frei im Raum. Kinder sitzen verteilt im Raum.
II. 10'	Die Kinder sollen den Fehler korrigieren. Der L. überprüft, ob Kinder die Aufgabe verstanden haben. Die Kinder sollen ruhig werden und sich nur auf die Erzählung konzentrieren. Durch das Riechen am Tuch wird die Assoziation verstärkt.	Der L. spielt die CD bzw. liest die Geschichte vor. Die Kinder liegen ruhig und bequem (evtl. ein Kissen unter dem Kopf) auf dem Boden. Sie riechen immer wieder während des Vorlesens an dem Tuch.	CD: Müller, E.: Duft der Orangen. Kösel-V., München 1999. Die Kinder liegen bequem so auf dem Boden, daß sie den L. gut hören können. Jedes Kind hat ein Tuch mit Apfelsinenduft in der Hand.

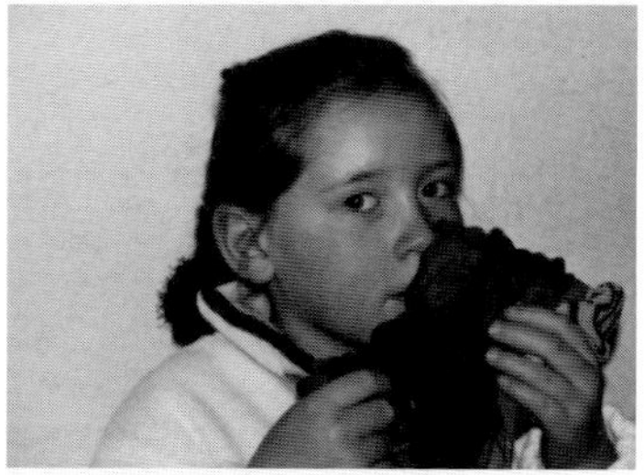

Phase/ Zeit	Didaktisch-methodische Absicht	Inhalt	Organisation/ Medien
5'	Die Kinder lernen, sich länger zu konzentrieren und zuzuhören. Die Erfahrungen werden verbalisiert. Die Assoziation mit Erfahrungen wird angeregt.	Die Kinder erzählen, woran sie sich während des Vorlesens der Geschichte erinnert haben.	Die Kinder sitzen auf dem Boden.
III. 25'	Die Wahrnehmungsbereiche Geruch und Geschmack sollen sich verbinden, um noch intensiver und länger im Gedächtnis haften zu bleiben. Abbildungen der Apfelsinenbäume und Früchte unterstützen den Prozeß der Assoziation. Essen soll mit einem schönen Ambiente verbunden werden. Die Einheit soll harmonisch abschließen. Sie eignet sich besonders zu einem besonderen Anlaß wie Geburtstag o.ä.	Der L. stellt Apfelsinenkuchen, -stückchen, -saft oder andere Produkte aus Apfelsinen bereit. Die Kinder decken und dekorieren den Tisch. Gemeinsames Essen. Die Düfte, welche die Kinder erkannt haben, sollen benannt werden. Anschließend sitzen die Kinder im Kreis und erzählen, welche Erlebnisse/ Erinnerungen sie mit dem Geruch verbinden. Sie können eine eigene Geschichte erfinden.	L. hat Apfelsinenkuchen, -stückchen, -saft u.a. vorbereitet. Servietten, Tischdecke, -schmuck. Geschirr und Bestecke. Bank als Tisch aufbauen. Die Kinder sitzen mit dem L. drumherum.

3.2 Wahrnehmung der eigenen Körperfunktionen

Ziele: Die Kinder sollen
- ihre Körperteile erkennen und benennen
- ihre Bewegung bewußt wahrnehmen, steuern und kontrollieren
- taktil und kinästhetisch Druck und Materialbeschaffenheit erkennen
- ihre Körperzonen isoliert wahrnehmen
- ihre Lage im Raum bewußt verändern
- ihre Bewegungen einem Rhythmus anpassen
- sich nach Musik entspannen

Phase/ Zeit	Didaktisch-methodische Absicht	Inhalt	Organisation/ Medien	
I. ca. 5'	Die Kinder sollen erst einmal ihren Bewegungsdrang abbauen. Gleichzeitig erfolgt eine Hinführung auf das Thema bzw. Lernziel: Den Körper steuern und bewußt kontrollieren.	Die Kinder laufen im Raum nach Musik (oder Tambourin). Sobald die Musik abstoppt, bleiben die Kinder stehen und rühren sich nicht von der Stelle.	Kassettenrecorder. Musik: zum Laufen und Gehen. (1 Tambourin). Die Kinder frei im Raum.	
3'	Es kommt die erschwerende Variante hinzu: Einbeziehung des Nachbarn und Rücksicht nehmen. Auch sollen zum Schluß Paare gebildet werden, die für die nächste Übung zusammenbleiben.	Dgl. mit einem Partner an der Hand.	Kinder zu Paaren frei im Raum.	
10'	Von dem dreidimensionalen Personenbild vollziehen die Kinder selbst bewußt den Schritt, ein zweidimensionales Bild zu verstehen. Dieses „Aha-Erlebnis" = der Partner ist jetzt auf dem Boden abgebildet, soll sie motivieren. Dem gezeichneten Männchen kann ein Name gegeben	Der Partner legt sich auf den Boden (auf ein Blatt Papier oder auf eine Matte, die bemalt werden kann). Das andere Kind kniet daneben und zeichnet den Körperumriß mit Kreide nach. Die Kinder zeigen (beschriften, wenn sie können) nach Anweisung	Kinder zu Paaren im ganzen Raum verteilt. Pro Paar: 1 großes Stck. Packpapier 1 Filzstift oder 1 Matte 1 Stck. Kreide.	

Phase/Zeit	Didaktisch-methodische Absicht	Inhalt	Organisation/Medien
	werden. Sie können sich dadurch auch besser eine Vorstellung von der Zeichnung machen. Über die Zeichnung wiederum machen sich die Kinder einen Begriff von ihrem Körper. Jeder Körperteil muß erkannt und benannt/gezeigt werden. Es ist darauf zu achten, daß jeder Teil richtig dem Gesamtbild zugeordnet und auch auf Einzelheiten wie Ohren, Finger, Bauchnabel usw. eingegangen wird. Wenn die Kinder das Gesicht malen, können sie diesem einen eigenen Ausdruck verleihen.	des L. auf Knie, Bauch, Brust, Schulter, Kopf, Ohren, Bauchnabel, Zehen, Ellenbogen usw. Sie zeichnen fehlende Körperteile ein, achten auf Nase, Augen, Mund und Ohren.	
4'	Das ständige Umschalten von dem dreidimensionalen zum zweidimensionalen Sehen wird geschult.	Die Kinder zeigen das entsprechende Körperteil an ihrem Körper, dann an der Zeichnung.	Kinder zu Paaren neben ihrem Männchen.
5'	Nach einer ca. 15minütigen, ruhigen Tätigkeit am Platz wollen sich die Kinder wieder verstärkt bewegen. Sie können sich – während sie um die auf dem Boden liegenden Bilder herumlaufen – die Darstellungen der anderen Kinder ansehen und in die Zeichnung eine Personenvorstellung projizieren. Das Bild „lebt", man kann mit ihm in Kontakt treten. Manche Kinder werden nicht damit einverstanden sein, wenn man **ihr** Männchen zupft oder tritt.	Die Kinder laufen um die auf den Boden gezeichneten Männchen herum, – begrüßen jedes Männchen, – zupfen es am Ohr, – treten es auf die Füße, – streicheln es an der Wange u.ä.	Kinder laufen frei im Raum um die Männchen.

Phase/ Zeit	Didaktisch-methodische Absicht	Inhalt	Organisation/ Medien
7'	Es soll noch einmal eine Verfestigung des Lernstoffes durch ständige Variation der Lernsituation erreicht werden. Auch der L. kann durch das Auflegen der Tücher besser kontrollieren, ob alle Kinder ihre Körperteile erkennen.	Die Paare sitzen neben ihrem Männchen und decken mit einem Tuch erst sich, dann das Männchen an den von dem L./einem Kind genannten Körperteil zu: Bauch, Schulter, Knie, Hand, Augen, Ellenbogen usw.	2 Tücher pro Paar. Die Paare sitzen neben einem Männchen (und beim eigenen Partner). Tücher einsammeln!
5'	Der 1. Teil der Einheit soll ausklingen: Über die vorgegebene Musik beziehen die Kinder das Männchen in ihren Tanz ein.	Die Kinder laufen/tanzen nach Musik zu Paaren/in Kleingruppen/ganze Gruppe um die Männchen herum und legen sich zum Abschluß neben ein Männchen, das sie mögen.	Kassettenrecorder, Musik zum Tanzen. Die Kinder finden sich zu Paaren oder als größere Gruppe zusammen (wie sie wollen).
II. 15'	Der Raum darf nicht zu kühl sein, unangenehme Nebengeräusche sollen vermieden werden. Die Haut des Kindes kommt mit weichem Material in Berührung. Empfindungsreize werden ausgelöst. Das Kind soll durch Mimik/Gestik oder Worte ausdrücken, was es als angenehm oder unangenehm empfindet. Bei den Gliedmaßen streicht man von den Fingerspitzen/Zehen über die Hände/Füße und Arme/Beine zu den Schultern und zum Becken hin. Der Strich zur Körpermitte (zum Herzen) hin wird angenehmer empfunden als der von der Körpermitte nach außen.	Jedes Paar hat ein Stück Watte (ein weiches Läppchen). Der Partner wird leicht mit der Watte über Stirn, Wangen, Kinn, Nase, Augen und Ohren gestreichelt. Man geht über zu Hals, Brust und Schulter, zu Händen, Armen und Schultern, zu Brust, Bauch, Becken, Füßen und Beinen. – Partnerwechsel –	Pro Paar 2 Wattekugeln (2 weiche Stofflappen). 1 Kind liegt auf dem Rücken auf dem Boden (Augen evtl. geschlossen); der Partner kniet daneben. Bei unruhigen Kindern kann beruhigende Musik im Hintergrund gespielt werden. – Partnerwechsel –

Phase/Zeit	Didaktisch-methodische Absicht	Inhalt	Organisation/Medien
10'	Die Kinder sollen die Wirkung verschiedener Materialien und unterschiedlich fester Berührung empfinden und unterscheiden können.	Dgl. Anschließend probieren die Kinder die Berührung von Bürste, Schwamm, Wollstoff, Metall und Sandpapier aus. – Partnerwechsel –	Pro Paar: 1 Bürste, 1 Schwamm 1 Wollstoff, 1 Löffel 1 Sandpapier. – Partnerwechsel –
10'	Es erfolgt die Kontrolle über die empfundenen Berührungsreize. Kann das Kind die Materialien und Körperzonen unterscheiden? Es soll seine Empfindungen auch verbalisieren können oder durch Mimik/Gestik verständlich ausdrücken.	Dgl. Das auf dem Rücken oder Bauch auf dem Boden liegende Kind hat die Augen geschlossen. Der Partner berührt mit unterschiedlichem Druck nur einzelne Körperteile abwechselnd mit den verschiedenen Materialien. Das Kind soll zeigen oder sagen, – wo es berührt wurde, – womit es berührt wurde, – ob der Berührungsreiz als angenehm oder – unangenehm empfunden wurde. – Partnerwechsel –	„ – “ –[1] – Partnerwechsel –
III. 8'	Der ruhende Körper wird in Bewegung versetzt. Das Kind vergrößert seinen körpereigenen Raum. Es verändert seine Körperlage. Über Stand, Knien, Hocke kommt es zum Liegen und wieder zum Stand.	Der L. oder ein Kind steht vor der Gruppe und macht Bewegungen langsam vor, die die ganze Gruppe nachvollziehen soll. Wichtig ist, daß die Ausgangspositionen wechseln: Die Kinder sollen über den Stand	Kinder verteilt im Raum mit Blick zum L. oder zu einem anderen Kind.

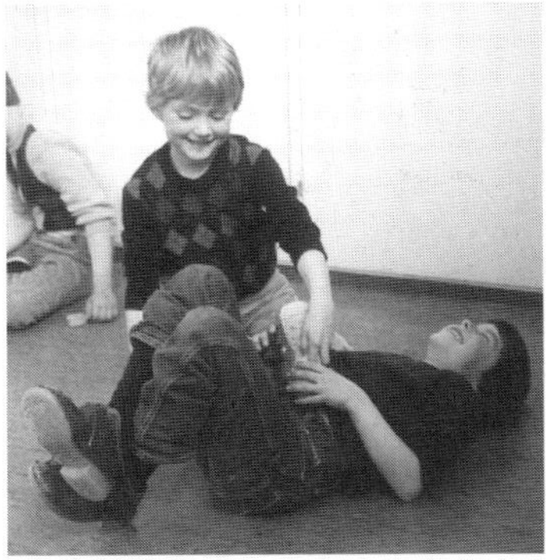

[1] „ – “ – bedeutet: die gleichen Geräte bzw. Organisationsformen wie oben.

Phase/ Zeit	Didaktisch-methodische Absicht	Inhalt	Organisation/ Medien	
		zum Liegen geführt werden – und umgekehrt. Dgl. kann bei geübteren Kindern nicht durch Vormachen, sondern allein durch Worte angewiesen werden.		
IV. 8'	Die Kinder sollen sich zum Abschluß der Stunde wieder in sich zurückziehen. Sie werden ruhig, lassen die Musik auf sich wirken und entspannen sich. Die Luftschwingungen des Tuches und das „beschützende Dach" des Tuches unterstützen neben der Musik diesen Prozeß.	Die Kinder liegen alle auf dem Rücken oder Bauch auf dem Boden. Die Kinder sollen nicht reden. Ein Schwungtuch wird ausgebreitet. Mit leichtem Schwingen nach Musik soll eine entspannte, beruhigende Atmosphäre herbeigeführt werden. Zum Schluß wird das Tuch über die Kinder gelegt.	1 Riesenschwungtuch. Die Kinder liegen auf dem Rücken oder Bauch unter dem Tuch. L. und 3 Kinder (Betreuer) fassen an den Ecken des Tuches an. Kassettenrecorder, beruhigende Musik.	

3.3 Wahrnehmung des Körperschemas

Ziele: Die Kinder sollen

– ihre Körperteile benennen
– Körperempfindungen den Körperzonen zuordnen
– ihren Körper beherrschen
– die Körperspannung halten
– nach schnellen Drehungen sich im Raum orientieren
– ihre Position/Körperlage im Raum verändern
– sich an einem Vorbild sehend/tastend orientieren
– und die Körperstellung nachahmen
– einen Gegenstand in einer bestimmten Raumlage postieren
– Begriffsverständnis von Präpositionen erlangen
– kreativ mit einem Tuch umgehen
– die Bewegung einer Musik anpassen

Phase/ Zeit	Didaktisch-methodische Absicht	Inhalt	Organisation/ Medien
I. ca. 10'	Nachdem die Kinder ihre Körperteile (siehe vorhergehenden Abschnitt) kennengelernt haben, erfolgt die Festigung des Gelernten. Über Mimik und Gestik wird die Empfindung bei einer Berührung ausgedrückt. Das Gehen zwischen dem Befühlen der Körperteile dient der Konzentration auf die Sache. Ein rechtzeitig benanntes Kind hat Zeit zum Überlegen, welches Körperteil jetzt befühlt werden soll. Ebenso wird das rhythmische Empfinden der Kinder geschult: Gehen – Stoppen nach ungefähr gleichem Zeitmaß.	„Muskelkatertanz". Die Kinder gehen/hüpfen hintereinander in einem großen Kreis. Nach einer Weile drehen sie sich zur Kreismitte. Der L. bzw. die Kinder zeigen am eigenen Körper, wo eine Stelle schmerzt oder eine Berührung angenehm ist: Fuß, Bauch, Schulter, Nase, Wange, Ohr. Alle Kinder fassen das betreffende Körperteil an und drücken Schmerz bzw. Freude aus. Danach gehen die Kinder weiter, bis der L. oder ein Kind eine andere Körperstelle zeigt.	Kinder hintereinander in Kreisrichtung zum großen Kreis, dann Gesicht zur Kreismitte. Musik zum Gehen.

Phase/Zeit	Didaktisch-methodische Absicht	Inhalt	Organisation/Medien
5'	Die Kinder erfahren die Drehgeschwindigkeit bzw. Fliehkraft. Nach der Rotation spüren sie, daß sich die Umgebung um sie herum dreht. Sie sollen so lange stehenbleiben, bis sie nicht mehr schwindelig sind. Ebenso wird die Körperspannung geschult: Die Kinder versuchen, nicht hinzufallen. In Variation üben sie mit einem Partner. Sie lernen, Verantwortung zu übernehmen, den Partner festzuhalten und sich nicht fallen zu lassen.	Die Kinder drehen sich auf der Stelle im Kreis. Auf ein akustisches Signal bleiben sie plötzlich stehen und warten ab, bis der Ruhestand wieder erreicht ist. Dgl. zu Paaren als „Mühle" drehen.	Kinder für sich alleine frei im Raum. (Tambourin, Becken oder Rasseldose) Kinder zu Paaren.
10'	Aufmerksamkeit und Beobachtungsgabe sind gefordert. Der L. muß sich Zeit lassen und darauf achten, daß alle Kinder die entspr. Körperposition nachgestellt, nachgelegt haben. Das kann spiegelbildlich oder gegengleich geschehen.	Der L. zeigt das Körperschemamännchen „Jonny" und klappt es in verschiedene Stellungen. Die Kinder stellen, legen sich in die entspr. Position.	Kinder in Front zum L. oder zu einem Kind. 1 Körperschemamännchen „Jonny".
5'	Der Mensch ist beweglicher als die Puppe; so werden sich mehr Variationen des Körperschemas ergeben. Die Kinder haben Spaß an dem Vorführen. Sie sollen aber lange genug warten, bis alle Kinder diese Position eingenommen haben.	Dgl. jeweils ein Kind steht im Wechsel vor der Gruppe (evtl. auf einem Stuhl) und macht eine bestimmte Körperstellung vor, die von der ganzen Gruppe nachgeahmt werden soll.	Jeweils 1 Kind vor der Gruppe (1 Stuhl).

Phase/ Zeit	Didaktisch-methodische Absicht	Inhalt	Organisation/ Medien
7'	Es wird die Lage des Körpers im Raum in Beziehung zu einem Gegenstand geübt. Gleichzeitig erfolgt eine Sprach- bzw. Begriffsschulung von und für Präpositionen.	Jedes Kind legt sein Vierecktuch auf den Boden. Auf Anweisung des L. stehen/sitzen/liegen/knien die Kinder auf/neben (re/li) vor/hinter/unter/auf dem Tuch.	Kinder alleine im Raum verteilt. Pro Kind: 1 Vierecktuch.
3'	Variation mit Spielgegenständen, damit sich die Begriffe fester einprägen bzw. die Kinder auch erneut motiviert werden.	Dgl. mit Spielmaterial: Die Kinder legen ihren Gegenstand auf/neben (re/li)/vor/hinter/unter/in das Tuch.	Stofftiere, Puppen, Spiel- zeugautos, Bausteine usw.
10'	In spielerischer Form wird das Körperschema eingeübt. Kriechen/ Laufen und plötzlich Verharren erfordern eine starke Körperbeherr- schung. Die Konzentrationsfähigkeit beim Achten auf den Rufer und das Verwei- len in einer Position sind angespro- chen. Die Kinder müssen die Anwei- sungen des Rufers befolgen und werden so in das soziale Regelverhal- ten eingeführt.	Die Kinder befinden sich im Vierfüßlerstand hinter einer Linie. Ihnen gegenüber steht ein Kind und hat der Gruppe den Rücken zuge- wandt. Es ruft: „Ochs am Berg bleib stehn!" und dreht sich **danach** zur Gruppe. Während des Rufens kriechen die Kinder zu dem Rufer, müssen aber stehenbleiben, sobald sich der Rufer umdreht. Dieser schickt das Kind, welches sich noch bewegt, an die Ausgangslinie zurück. Erst dann wird erneut gerufen. Das Kind, das zuerst den Rufer berührt, tritt an seine Stelle, und das Spiel beginnt von neuem.	Kinder alle hinter einer Linie/an der Wand. Ein Kind im Abstand von ca. 10 – 15 m gegenüber.

Phase/ Zeit	Didaktisch-methodische Absicht	Inhalt	Organisation/ Medien
II. 15'	Ziel ist das Erkennen und Erfahren des Körpers in Beziehung zum Raum und zu einem Gegenstand. Die Kinder erproben alle gemeinsam in der Gruppe den Körper-Raum-Bezug und müssen sich aufeinander einspielen. Schwächere Kinder orientieren sich an der Gruppe und sollen integriert werden. Das Sprach- bzw. Begriffsvermögen ist angesprochen. Die Pausen nach einem akustischen Signal sind nötig, um für die neue Anweisung Ruhe und Konzentration zu erwirken. Die Zeit zum Ausprobieren der Variationsmöglichkeiten mit dem Tuch fordert die Kreativität der Kinder heraus. Nach Einnahme der entsprechenden Position können sie mit dem Tuch spielen.	Die Päpositionen: auf, neben, vor, hinter, unter, in werden an die Tafel geschrieben. Das große Schwungtuch wird auf dem Boden ausgebreitet. Der L. erläutert, wie die Kinder in der jeweiligen Beziehung zum Tuch stehen/sitzen/liegen/krabbeln/rollen sollen. Die Kinder probieren die einzelnen Positionen gemeinsam aus. Jeweils nach einem Gongschlag folgt eine Ruhepause, in der die Kinder ruhig neben dem Tuch liegen/sitzen und die nächste Anweisung abwarten.	Kinder als geschlossene Gruppe. Tafel, Kreide oder ein Schriftblatt mit Stift. 1 Riesenschwungtuch 1 Gong/Tambourin.
7'	Über Tasten sollen die Kinder die Körperteile erkennen und auch benennen können. Das Körperbild soll über den taktilen Sinn gefestigt werden. Sie lernen, behutsam mit dem Partner umzugehen und werden durch den eigenen Partner in ihrem Verhalten bestätigt oder korrigiert. In einer kleinen Gruppe ertasten alle Kinder eine Person.	Die Kinder finden sich zu Paaren um das Tuch verteilt. Ein Kind liegt unter dem Rand des Tuches auf dem Rücken/Bauch/der Seite, das andere kniet an der Kante daneben auf dem Boden. Es ertastet vorsichtig die Körperteile des Partners, die es gleichzeitig benennt, z.B. Nase, Mund, Ohr, Bauch, große Zehe usw. Das unter dem Tuch liegende Kind korrigiert, wenn nötig. Partnerwech-	Zu Paaren um das Riesenschwungtuch. 1 Kind unter dem Tuch, das andere daneben auf dem Tuch (oder alle Kinder daneben).

Phase/ Zeit	Didaktisch-methodische Absicht	Inhalt	Organisation/ Medien
		sel. Evtl. ertastet die ganze Gruppe gemeinsam ein unter dem Tuch liegendes Kind.	
13'	Der Körper muß vollständig ertastet werden. Das über den taktilen Sinn gespeicherte Körperbild wird in die eigene Körperstellung umgesetzt und wieder sichtbar. Wenn das Tuch angehoben wird, kann die Bestätigung bzw. Korrektur erfolgen.	Dgl. Der Partner muß anschließend außerhalb des Tuches die Position nachlegen, die er ertastet hat. Danach wird das Tuch zurückge-schlagen, so daß die Kinder vergleichen können, ob sie die gleiche Stellung eingenommen haben. – Partnerwechsel –	„ – " –
III. 10'	Die Kinder werden durch die Musik motiviert sein und mit dieser kurze, abgehackte Bewegungen assoziieren. Sie müssen auf eine starke Körperspan-nung achten und diese Haltung über einen längeren Zeitraum fixieren können. Die Sprache ist weitgehend ausgeschaltet, so daß sich die Kinder auf die Musik und ihre Bewegungen konzentrieren können.	Die Kinder hören sich die Musik an: „Wir sind die Roboter" (es kann auch eine andere elektronische Musik gewählt werden). Sie bewegen sich danach wie Roboter im Raum. Wenn nötig, erfolgt durch ein Vorbild eine Korrektur bzw. die Bewegungsanregung (möglichst durch ein Kind).	Robotermusik. Kinder frei im Raum.

3.4 Auditive Wahrnehmung

Ziele: Die Kinder sollen

- verschiedene Arten von Klängen unterscheiden und
  voneinander abgrenzen
- die Richtung der Tonquelle erkennen
- die Entfernung einer Tonquelle abschätzen
- mit der eigenen Stimme „spielen"
- Sprache kontrolliert einsetzen
- ihr Gedächtnis und ihre Merkfähigkeit trainieren
- sich partnerschaftlich verhalten
- als Gruppe gemeinsam handeln
- taktisch geschickt handeln
- ihre Phantasie und Kreativität anregen und ausspielen
- das Rohr als Verstärker der Stimme erkennen

Phase/ Zeit	Didaktisch-methodische Absicht	Inhalt	Organisation/ Medien
I. ca. 5'	Dem Bewegungsdrang der Kinder wird entsprochen, indem der L. rasch seinen Standort wechselt, aber darauf achtet, daß die Kinder nicht gegen ein Hindernis laufen und sich verletzen. Es erfolgt eine Hinführung zu dem Ziel der auditiven Schulung. Die Kinder lernen, sich auf 4 verschiedene Geräuschquellen einzustellen. Sie müssen sich konzentrieren, schnell umdenken und reagieren.	Die Kinder haben die Augen verbunden und gehen dem Klang von Triangel/Pauke/Knackfrosch/ Becken nach. Der L./Kind wechselt ständig seine Position.	Kinder frei im Raum. (Hindernisse werden beiseite geräumt) Pro Kind: 1 Tuch 1 Pauke 1 Knackfrosch 1 Becken 1 Triangel.

Phase/ Zeit	Didaktisch-methodische Absicht	Inhalt	Organisation/ Medien
5'	Die obere Aufgabe wird in veränderter Form geübt. Die Situation ist ruhiger, eine ganze Gruppe geht geschlossen der Geräuschquelle nach. Der Schwerpunkt liegt auf der sozialen Komponente: Gegenseitige Rücksichtnahme und Vertrauen, aber auch eine ständig neue Richtungsorientierung werden verlangt.	Die Kinder stehen zu Paaren an der Hand gefaßt oder zu einer Schlange von 4 – 6 Personen. Sie haben die Augen verbunden. Der L. betätigt ein Instrument und wechselt dabei im Raum ständig seine Position. Die Kinder gehen dem Klang nach.	Kinder zu Paaren oder 4 – 6 Personen zu einer Schlange. 1 Triangel oder 1 Knackfrosch oder 1 Holzblocktrommel. Pro Kind: 1 Tuch.
4'	Die Kinder sollen sich nur auf den Ton konzentrieren. Deswegen liegen sie frei im Raum auf dem Rücken oder Bauch und müssen sich ruhig verhalten sowie stark konzentrieren. Dadurch, daß die Tonquelle aus unterschiedlichen Richtungen kommt und auch immer anders klingt, sollen die Kinder motiviert bleiben, müssen sich auch ständig umorientieren. Der L. achtet auf Kinder, die ständig in eine andere Richtung zeigen, und prüft nach, ob diese Kinder die Richtung nicht orten können, aus der der Ton erklingt. Sollte der Verdacht einer Hörstörung vorliegen, muß diese Beobachtung einem Fachkollegen bzw. den Eltern mitgeteilt werden.	Die Kinder liegen auf dem Boden und haben die Augen geschlossen. Ca. 6 Kinder stehen außen herum und betätigen im Wechsel nacheinander verschiedene Rhythmusinstrumente. Das Instrument kann auch unterschiedlich laut angeschlagen/ betätigt werden. Die auf dem Boden liegenden Kinder zeigen in die Richtung, aus der der Ton kommt. – Wechsel mit den außenstehenden Kindern –.	Kinder liegen im Raum verteilt auf dem Boden. Ca. 6 Kinder stehen mit je 1 oder 2 Instrumenten (ca. 12 unterschiedliche Instrumente) außen um die Liegenden herum.

Phase/ Zeit	Didaktisch-methodische Absicht	Inhalt	Organisation/ Medien
10'	Nach starker Konzentration und Ruhe wird dem Bedürfnis nach mehr Bewegung entsprochen. Je nach Entwicklungsstand der Kinder werden 2 bis 5 Musikinstrumente gewählt und diesen jeweils eine bestimmte Bewegungsform zugeordnet. Merkfähigkeit, Konzentration und schnelle Reaktion sind Schwerpunkte dieser Schulung. Die Kinder sollen sich untereinander anspornen und möglichst rasch sowie nicht verkehrt reagieren. (Evtl. als Wettspiel: Wer etwas verkehrt macht oder letzter ist, bekommt einen Minuspunkt = Muggelstein.)	Der L. erläutert die Bedeutung der Rhythmusinstrumente: Pauke = hinsetzen Knackfrosch = hüpfen Triangel = auf dem Rücken liegen Rassel = auf der Stelle drehen Sirene = laufen. Die Kinder gehen/hopsen frei im Raum. Wenn ein Instrument ertönt, führen sie die entsprechende Bewegung aus. Sie gehen dann weiter, bis das nächste Signal gegeben wird.	Kinder frei im Raum. 1 Pauke 1 Knackfrosch 1 Triangel 1 Rassel 1 Sirene (Muggelsteine).
10'	Nach der Bewegung ist wieder Ruhe gefordert. Das Thema „Schatzklau" soll die Kinder motivieren, sich leise an die Gegenstände heranzuschleichen. Behutsamkeit ist eine Vorbedingung, um auch noch leise Geräusche herauszuhören. Ebenso werden Körperbeherrschung und Körperschema geschult. Das Kind in der Mitte ist Wächter und „bestraft", sobald sich ein Kind laut oder ungeschickt verhält.	„Schatzklau". Ein Kind hockt in einem Reifen und hat die Augen geschlossen. Um es herum im Reifen liegen Sandsäckchen/andere Spielgegenstände. Alle Kinder sitzen um den großen Kreis herum (Abstand zum Innenkreis ca. 3 m). Sie kriechen zur Kreismitte vor und holen sich **einen** Gegenstand heraus, bringen ihn zurück zu ihrem Platz und holen dann den nächsten. Das Kind in der Mitte horcht auf die herankriechenden Kinder und versucht, ein Kind	2 Kreise: 1. Kreis ein auf dem Boden liegender Reifen; ein 2. mit Hilfe eines Seiles oder Kreide in ca. 3 m Entfernung; 1 Kind im Reifen, die anderen außen um den großen Kreis. Ca. 25 Sandsäckchen oder andere Gegenstände. 1 Tuch.

Phase/ Zeit	Didaktisch-methodische Absicht	Inhalt	Organisation/ Medien
		abzuschlagen, das in seine Nähe kommt. Wurde ein Kind berührt, geht es in die Mitte (oder es muß zurück zum Ausgangspunkt). Sind alle Geräte geholt, wird der Mittelspieler ausgewechselt.	
II. 5'	Die Einschätzung der Entfernung, d.h. des Abstandes zwischen Person und Geräuschquelle – genau hinhören und auf das Geräusch zugehen – ist Ziel dieser Übung. Die Kinder sind motiviert und fühlen sich bestätigt, wenn sie sich anschließend kontrollieren und untereinander vergleichen. Wer ist dem Ziel am nächsten gekommen? Es erfolgt eine direkte Rückmeldung der Leistung.	Die Kinder stehen hinter einer Linie und haben die Augen geschlossen (evtl. verbunden). Der L. wirft ein Sandsäckchen in den Raum. Alle Kinder gehen möglichst dicht bis an das Sandsäckchen heran. Wenn alle Kinder ruhig stehen, gibt der L. Anweisung, daß die Augen geöffnet werden können. Sie kontrollieren, wie dicht sie an dem Sandsäckchen stehen.	Alle Kinder hinter einer Linie nebeneinander. Der L. im Raum mit 1 Sandsäckchen (pro Kind: 1 Tuch).
3'	Es folgt nach der Ruhe- und Konzentrationsphase eine schnelle Bewegungsphase. Auf den Klang von nur zwei verschiedenen Instrumenten soll gegangen bzw. gelaufen werden. Dieser Teil dient weniger der Konzentration als dem Ausleben des Bewegungsdranges. Die Instrumente geben rein auditiv die Art der Bewegung: schnell oder langsam an.	Der L. erläutert die Bedeutung der Musikinstrumente: Tambourin = gehen Klangstäbe = laufen. Nach dem Klang des Instrumentes bewegen sich die Kinder entsprechend der Zuordnung im ganzen Raum.	Kinder frei im Raum. 1 Tambourin 1 Paar Klangstäbe.

Phase/ Zeit	Didaktisch-methodische Absicht	Inhalt	Organisation/ Medien
8'	Die Kinder, die in der Reihe stehen, müssen genau hinhören. Sie sollen sich gemeinsam bemühen, keine Kinder unter ihren Armen und Händen durchzulassen (die Arme dürfen nicht ständig gesenkt bleiben!). Die unter ihren Armen hindurchkriechenden Kinder müssen ihren Mut und ihre Schnelligkeit sowie auch taktisches Verhalten beweisen. Das Sozialverhalten wird gestärkt, wenn der Hinweis gegeben wird, daß Kinder, die durch den „Zaun" gekrochen sind, ihrer Gruppe helfen können, indem sie durch Geräusche ablenken und die anderen Kinder dadurch leichter durch den „Zaun" schlüpfen können.	„Durch den Zaun". Die Kinder stehen zu zwei, drei oder vier Reihen hintereinander, strecken ihre Arme weit aus, haben sich an den Händen gefaßt und die Augen geschlossen. Hinter dem Rücken – hinter der letzten Reihe – befinden sich 3 oder mehr Kinder (evtl. Gruppe halbieren: die eine Hälfte steht als „Zäune", die anderen kriechen durch). Sie sollen durch die „Tore" im „Zaun" kriechen/gehen, ohne berührt zu werden. Die in einer Reihe stehenden Kinder berühren mit den **immer durchgefaßten** Händen die durch die „Zäune" kriechenden Kinder. Wurde ein Kind berührt, muß es zum Ausgangspunkt zurück. Sind alle Kinder durch die Reihen gekommen, wird gewechselt.	 Kinder in 2 oder mehr Gruppen aufgeteilt. Sie haben sich zu ca. 4 Personen durchgefaßt in Reihen hintereinander aufgestellt. Die übrigen Kinder stehen jedes für sich hinter der letzten Linie. (Evtl. haben die Kinder, welche in den Reihen stehen, mit Tüchern die Augen verbunden.)
III. 10'	Das Gerät wird wahrscheinlich sehr motivieren. Die Kinder sollen Zeit haben, kreativ damit umzugehen, das Rohr auszuprobieren und Töne herauszulocken. Die **Einschränkung,** mit dem Rohr möglichst viele verschiedenartige Töne zu erzeugen, wird vorgegeben. Die Kinder sollen sich auch gegenseitig inspirieren. Sie treten über das Rohr in Kommunikation.	Jedes Kind erhält ein Schleuderrohr und soll damit Töne erzeugen. Die Anwendungsmöglichkeiten der Rohre werden – wenn nötig – an Hand eines Kindes demonstriert und von allen nachgeahmt. (Rohr drehen, in das Rohr hineinblasen, hineinsprechen oder -schreien, das Rohr an das eigene Ohr halten und reden usw.)	Kinder frei im Raum. Pro Kind: 1 Schleuderrohr.

Phase/ Zeit	Didaktisch-methodische Absicht	Inhalt	Organisation/ Medien
	Nach einer Experimentierphase ahmen sie verschiedene Lösungsmöglichkeiten nach. Es wird für die Kinder auch ein Erlebnis sein, ihre eigene Sprache zu hören.		
7'	Das Rohr als „Telefon" soll ein „Aha-Erlebnis" vermitteln. Die Kinder müßten zu dem Vergleich: Telefon zu Hause und Telefonspiel mit dem Rohr kommen. Über das Ausprobieren sollten sie zu der Erkenntnis geführt werden, daß das Rohr den Laut, die Sprache verstärkt. Sie sollen spüren, daß sie nicht laut sprechen dürfen, da das Trommelfell des Partners sonst schmerzt. Das Sprechen wird geschult. Die Kinder lernen, sich etwas mitzuteilen, auch zuzuhören und zu antworten.	Das Rohr wird als Telefon benutzt. Die Kinder sitzen sich zu Paaren mit einem/zwei Rohren auf dem Boden gegenüber und führen ein Telefongespräch.	Kinder zu Paaren, evtl. zu dritt. Pro Paar: 1 Schleuderrohr.
8'	Alle Kinder gemeinsam führen die Aufgabe aus. Die Sprache zu kontrollieren, zu flüstern und doch für den Partner verständlich zu sprechen, ohne daß die anderen Gruppenmitglieder etwas hören, sind Schwerpunkte dieses Übungsbereiches. Die Kinder müssen sich konzentrieren und genau zuhören. Die Bestätigung/Erfolgskontrolle folgt sofort. Die Kinder lernen so, sicher mit ihrer Sprache umzugehen und sich	„Flüsterpost". Alle Kinder sitzen in einem großen Kreis. Ein Kind flüstert ein Wort durch das Rohr, welches von dem nächsten weitergeleitet werden soll. Das letzte Kind sagt laut, welches Wort es empfangen hat. Der Nachbar, der das Wort zuerst ins Rohr sprach, bestätigt oder wiederholt sein Ausgangswort. Danach beginnt ein anderes Kind.	Alle Kinder sitzen in einem großen Kreis auf dem Boden. Pro Kind: 1 Rohr.

Phase/ Zeit	Didaktisch-methodische Absicht	Inhalt	Organisation/ Medien
	deutlich zu artikulieren. Die Verbindung, mit dem gleichen Rohr (bzw. dem des einen Partners) zu lauschen und zu sprechen (dem eigenen Rohr in Richtung des anderen Partners), erfordert eine koordinative Fähigkeit.		
2'	Die weiteren Verwendungsmöglichkeiten des Rohres werden ausprobiert. Nur über das Rohr treten die beiden Gruppen in Kontakt. Die Phantasie der Kinder wird angeregt: „Was könnte gesagt worden sein?" „Was könnte man geantwortet haben?" Die Kinder werden dabei auch in ihrer Armkraft und Gesamtkörperkoordination gefordert. Gemeinsam zu handeln, gemeinsam zu beginnen, zu antworten und zuzuhören, gemeinsam evtl. den gleichen Laut herauszubringen, fördern das Sozialverhalten.	Die Kinder stehen sich in zwei Gruppen gegenüber. Sie müssen so weit entfernt sein, daß sie sich mit dem Rohr nicht behindern. Eine Gruppe dreht das Rohr, sie „fragt" über das Rohr, die andere „antwortet". Können alle Kinder mit der gleichen Tonhöhe antworten? Können alle gemeinsam aufhören? Wie macht man das? – Wechsel –.	Kinder stehen sich in 2 Gruppen gegenüber. Pro Kind: 1 Rohr.
3'	Dgl. wird paarweise geübt. Diese Variation läßt für die Phantasie und Spontaneität der Kinder mehr Freiraum. Sie können schneller antworten und selbst bestimmen, wann sie aufhören wollen. Ihr „Gespräch" über das Rohr soll danach verbalisiert werden. Sie bestätigen das Gehörte,	Dgl. zu Paaren. Nach einem Stopp erzählen sich die Kinder – bzw. die Kinder dem L. – gegenseitig, was sie mit dem Rohr „ausgesagt" haben.	Kinder zu Paaren im Raum verteilt. Jedes Kind: 1 Schleuderrohr.

Phase/ Zeit	Didaktisch-methodische Absicht	Inhalt	Organisation/ Medien
	ergänzen und lernen sich besser zu verstehen. Neben dem akustischen Signal werden vermehrt Mimik und Gestik den Verständnisprozeß unterstützen.		
IV. 15'	Weitere Verwendungsmöglichkeiten des Rohres werden ausprobiert. Das Thema: „Tiere im Urwald" gibt jedoch eine bestimmte Art an Geräuschen vor. Durch die bekannten Medien wird es nicht schwerfallen, einige Tiere zu imitieren. Nach einer Phase des freien Ausprobierens wird die „Elefantenparade" aus dem „Dschungelbuch" gespielt. Die Kinder machen Erfahrungen mit dem Rollenspiel. Nach der Musik müssen sie ein Bild aus ihrer Vorstellung nachahmen und dieses in Bewegung umsetzen. Eine erfahrene Gruppe kann schon zu einer gemeinsamen Spielhandlung kommen.	Die Kinder erproben mit dem Rohr Urwaldtöne: Vogelgeschrei, Windgeräusche, Affengeschrei, Elefantentrompeten usw. Die Kinder teilen sich in verschiedene Rollen auf (evtl. hilft der L.). Mit der Hintergrundmusik aus dem „Dschungelbuch" wird eine Szene aus dem Urwald gespielt.	Kinder frei im Raum. Pro Kind: 1 Rohr. Musik: „Dschungelbuch" „Elefantenparade" (evtl. noch andere Musikinstrumente).

3.5 Zeitwahrnehmung

Ziele: Die Kinder sollen
- einen vorgegebenen Rhythmus heraushören und ihn nachschlagen
- auf Musik in Form eines „Frage-Antwort-Spieles" reagieren
- einen Rhythmus nach Tempo, Lautstärke und Tonhöhe variieren
- sich nach Musik bewegen – am Ort und im Raum
- ein Gerät (Schwungtuch) entsprechend der vorgegebenen Musik bewegen
- sich mit Hilfe von Musik entspannen und ausruhen

Phase/ Zeit	Didaktisch-methodische Absicht	Inhalt	Organisation/ Medien
I. ca. 3'	Zu Beginn wird auf den Einsatz möglichst weniger Medien geachtet. Die Kinder sollen sich auf den Rhythmus konzentrieren, zuhören, diesen aufnehmen und ihn dann mit einem Körperteil hörbar nachvollziehen. (Kinder, die Schwierigkeiten mit dem Klatschen haben, stampfen oder bewegen ihren Körper entsprechend dem Rhythmus hin und her.)	Der L. schlägt mit Klangstäben einen Rhythmus vor, die Kinder gehen ihn nach.	Alle Kinder frei im Raum. 1 Paar Klangstäbe.
7'	Die Führungsrolle soll wechseln: Dadurch, daß immer ein anderes Kind an der Reihe ist, kann beobachtet werden, welches Kind Schwierigkeiten hat.	Die Klangstäbe (bei schwerer behinderten Kindern ein Tambourin oder eine Pauke) werden reihum gegeben. Jedes Kind schlägt einen selbstgewählten, aber klar strukturierten Rhythmus. Die anderen klatschen, klopfen, stampfen ihn nach.	Alle Kinder im Kreis kommen an die Reihe. 1 Paar Klangstäbe (Tambourin/Pauke).

Phase/ Zeit	Didaktisch-methodische Absicht	Inhalt	Organisation/ Medien
II. 2'	Die Kinder gewöhnen sich durch freies Ausprobieren an die Instrumente. Sie sollen sie kennenlernen und die Bezeichnung wissen. Wenn gleiche Instrumentenpaare vorhanden sind, sollen die Kinder diese herausfinden.	Jedes Kind hat ein Rhythmus-Instrument. Die Kinder (wenn sie die Instrumente kennen) und der L. benennen die Instrumente. Die Kinder probieren sie aus. Evtl. können Zuordnungen zu gleichen bzw. ähnlich klingenden Instrumenten getroffen werden.	Kinder sitzen im Kreis, freie Betätigung. Je 1 Orff-Instr. pro Kind: Klangstäbe, Schlaghölzer, Holzblocktrommel, Tambourin, Pauke, Becken, Rassel, Triangel, Xylophon, Metallophon ...
3'	Nach dem Erproben müssen sich die Kinder dem vorgegebenen Rhythmus anpassen und unterordnen. Es erfolgt eine weitere Differenzierung: Es wird nicht nur der gleiche Rhythmus geschlagen, sondern alle Instrumente ertönen leiser und wieder lauter – alle werden schneller und wieder langsamer. Im Wechsel. Es besteht die Möglichkeit, daß die Kinder mit den gleichen Instrumenten nebeneinander sitzen und sich beobachten können.	Der L. fängt an. Er gibt einen Rhythmus vor, alle Kinder schlagen ihn nach. Wechsel von Lautstärke und Tempo.	„ – “ – Immer 2 gleiche Instrumentenpaare.
5'	Der L. macht die Ü.-Aufgabe vor, damit es für alle Kinder verständlich wird. Ein Kind schlägt einen Rhythmus, d.h. es „fragt“ einen Partner etwas. Dabei übt es o.g. Formen: Tempowechsel, Variation der Lautstärke – und sieht seinen Ansprechpartner an. Dieser gibt über sein Instrument dem Partner eine Antwort. Man kann	Frage-Antwort-Spiel: Ein Kind beginnt einen bestimmten Rhythmus zu schlagen, wechselt dabei auch Tempo und Tonhöhe. Ein anderes Kind, auf das es zeigt oder das sich angesprochen fühlt, „antwortet“. Anschließend spielen die nächsten beiden Kinder.	Kinder im Kreis mit einem Partner über Blickkontakt verbunden. „ – “ –

Phase/ Zeit	Didaktisch-methodische Absicht	Inhalt	Organisation/ Medien
	anschließend erfragen, worüber kommuniziert wurde, damit die Frage und die Antwort für die ganze Gruppe verständlich werden.		
5'	Dieses Üben soll in möglichst vielen Variationen erfolgen, damit sich das Ziel besser einprägt: Es kontaktiert erst einmal nur ein Paar, die anderen hören nur zu. Danach wechselt eine Person des Paares fließend zum nächsten Partner über – usw.	Dgl. wie oben, nur: es wird „geantwortet", dann wird ohne Unterbrechung der nächste Partner „angesprochen".	„ – " –
5'	Man kommt ohne Unterbrechung zu einem „Musiksprechen". Derjenige, der angesprochen wurde, spielt weiter. Der Lärmpegel wird immer größer. Die Kinder dürfen sich aber nur auf ihr Instrument und ihren Partner konzentrieren. Der L. stoppt ab, wenn er meint, daß die meisten Gesprächspartner nicht mehr kontaktieren.	Dgl. wie oben, aber: jedes Kind spielt sein Instrument weiter. Es hält Blickkontakt mit seinem Fragepartner und versucht, über die Musik weiter im „Gespräch" zu bleiben. Die Spielrunde stoppt ab, wenn jedes Kind sein Instrument erklingen läßt.	„ – " –
10'	Es kommt ein weiteres, erschwerendes Moment, die Bewegung im Raum, hinzu. Die Kinder sitzen nicht mehr an ihrem Platz, sondern suchen sich den Partner, mit dem sie über das Instrument im Raum ganzkörperlich „reden". Das „Gespräch" wird durch betontes Mitbewegen von Oberkörper, Rumpf,	Mit dem Instrument gehen (laufen, schleichen) die Partner aufeinander zu, unterhalten sich non-verbal über das Instrument und bewegen sich – dem Rhythmus angepaßt – gemeinsam im Raum.	Kinder bewegen sich frei im Raum. „ – " –

Phase/ Zeit	Didaktisch-methodische Absicht	Inhalt	Organisation/ Medien
	Beinen und Armen lebhafter und intensiver. Man kann versuchen, den Partner folgen zu lassen, ihm auszuweichen, auf ihn zuzugehen u. ä. m.		
5'	Bisher war man auf einen Partner zentriert. Jetzt kann man den ersten Partner verlassen und auf einen anderen zugehen. Der alte Partner sucht sich einen neuen oder bleibt der Gruppe angeschlossen. Es soll der Gruppenprozeß über das gemeinsame Gespräch angeregt werden. Der ganze Körper ist beteiligt.	Dgl. wie oben, nur: die Partner können das Gespräch abbrechen und zu einer anderen Gruppe wechseln. Es können sich auch kleine Gruppen bilden, die mit Hilfe der Instrumente in Kontakt treten.	Kinder zu wechselnden Paaren oder in Kleingruppen frei im Raum. „ – " – *Alle Instrumente werden eingesammelt!*
5'	Die Kinder müssen sich genau nach dem vorgegebenen Zeitmaß bewegen. Auf das entspr. Signal folgen die Bewegungen aufeinander, wobei immer eine neue Form hinzukommt. Die Musik gibt dieses Bild vor, was vom Kind erkannt werden muß. Wenn auch der L. Orientierungspunkt ist, so werden bessere Kinder diese Regel recht bald erkennen. Sie benötigen nicht mehr das Vorbild und richten sich allein nach dem Rhythmus. Merkfähigkeit und schnelles Reagieren sind ebenfalls angesprochen.	„Seven jumps" A Die ganze Gruppe faßt sich an den Händen und läuft 16 Schritte nach links, 3 Hüpfer auf der Stelle, 16 Schritte nach rechts. Dieser Teil kehrt immer wieder. Dann: 1. mit geschl. Füßen stehen – wieder A 2. wieder 1, auf einem Bein stehen – A 3. wieder 1, 2, auf einem Knie in den Hockstand – A 4. wieder 1,2,3, auf beiden Knien im Hockstand – A	Kinder zu einem geschlossenen bzw. offenen Kreis. Musik: „Seven jumps". L. im Kreis.

Phase/ Zeit	Didaktisch-methodische Absicht	Inhalt	Organisation/ Medien
		5. wieder 1,2,3,4, hocken, re. Arm am Kinn aufgestützt, li. Arm auf dem Rücken – A 6. wieder 1,2,3,4,5, hocken, beide Arme am Kinn aufgestützt – A 7. wieder 1,2,3,4,5,6, flach auf den Boden legen – A	
III. 10'	Die Kinder sollen sich mit dem motivierenden Gerät vertraut machen, sich daran gewöhnen und Erfahrungen sammeln. Das Tuch zwingt ein gemeinsames Tun auf: alle Kinder fassen an das Tuch, sie müssen sich anpassen. Schwächere Kinder werden automatisch mitgezogen. Der L. muß vollständig in den Hintergrund treten. Er gibt evtl. den Hinweis, das Tuch an der Griffkante zu fassen. Die Ecken müssen von je einem Kind besetzt sein!	Das Riesenschwungtuch wird frei ausprobiert.	1 Riesenschwungtuch. Kinder frei um das Tuch.
5'	Nach dem Ausprobieren wird plötzlich Musik, die ein leichtes Schwingen des Tuches aufzwingt, im Hintergrund gespielt. Die Kinder sollen selbst erkennen, wie sie das Tuch handhaben müssen. Der L. gibt nichts vor. Die Kinder können sich auch unter dem Tuch bewegen.	Im Hintergrund spielt Musik. Die Kinder sollen ihr Schwingen dem Rhythmus anpassen.	„ – “ – Kinder gleichmäßig um das Tuch verteilt. Kassettenrecorder. Musik: „yellow bird“.

Phase/ Zeit	Didaktisch-methodische Absicht	Inhalt	Organisation/ Medien	
8'	Die Kinder sollen über den Rhythmuswechsel stutzen, ihn aufnehmen und die veränderte Bewegung am und mit dem Tuch umsetzen. Die beiden Tempi sind klar voneinander zu trennen, so daß die Kinder sie gut unterscheiden können.	Wechsel von zwei verschiedenen Rhythmen. Anpassen der Schwungbewegung an beide Tempi.	„ – " – Musik: „yellow bird" und Poprhythmus.	
10'	Es werden Musikvariationen eingespielt. Die Kinder lernen flexibel mit dem Tuch umzugehen. Sie müssen sich ständig umorientieren. Die Kinder sollen eine eigene Gestaltungsform zu der vielseitigen Musik finden. Die Musik kann evtl. zweimal gespielt werden.	Es wird ein Potpourri gespielt. Die Kinder sollen die Rhythmen durch Bewegungsvariationen mit und an dem Tuch ausdrücken. Sie können Variationen erfinden. Das Tuch muß nicht nur geschwungen werden. Es sind andere Ausdrucksformen möglich.	„ – " – Musik: Marek und Vacek: „From the New World".	
IV. 7'	Über die Musik sollen sich die Kinder völlig entspannen. Sie sollen nach Möglichkeit nicht reden, die Augen schließen und in sich hineinhören. Die Musik und die Luftschwingungen verstärken den Beruhigungsprozeß.	Die Kinder liegen auf dem Bauch/ auf dem Rücken unter dem Tuch. Die eine Hälfte der Gruppe bewegt das Tuch leicht schwingend nach der beruhigenden Musik. Die Kinder schließen die Augen und entspannen sich nach der Musik.	„ – " – Musik: „The sun is dead" und „sweet people". Nur noch 8 Personen halten das Tuch (Kinder liegen evtl. auf warmer Unterlage.) Wechsel der beiden Gruppen.	

3.6 Visuelle Wahrnehmung

Ziele: Die Kinder sollen

- den ganzen Raum über verschiedene Fortbewegungsarten und aus unterschiedlichem Blickwinkel erfahren
- überlegen und ausprobieren, wie ein Raum schnell und umfassend in seiner Ausdehnung und mit seiner Einrichtung erfaßt werden kann
- erkennen, daß eine gleiche Menge unterschiedlich viel Raum ausfüllen kann
- die Weite und Größe des Raumes über Wurfgegenstände visuell, auditiv, propriozeptiv erfahren
- den Raumweg kognitiv nachvollziehen und ihn verbal beschreiben
- den Raumweg in der Zweidimensionalität erfassen und in eine Zeichnung umsetzen
- sich konzentrieren
- sich an eine Gruppe anpassen, Rücksicht nehmen und sich gegenseitig helfen
- Erfahrungen kognitiv verarbeiten und verbalisieren

Phase/ Zeit	Didaktisch-methodische Absicht	Inhalt	Organisation/ Medien
I. ca. 5'	Über die unterschiedlichen Forbewe-gungsarten erfahren die Kinder die Weite und Größe des Raumes. Sie sollen dabei erkennen, daß man im Laufen den Raum schnell durchqueren kann, aber hüpfend langsamer vorwärts kommt. Auch der Blickwinkel, also der optische Eindruck, ist auf allen Vieren oder im Rollen ein anderer. Durch die Variation in der Fortbewegung wird der Raum vielfältiger erfahren.	Die Kinder laufen kreuz und quer durch den ganzen Raum. Die Fortbewegungsart wird gewechselt: – vorwärts gehen/laufen – rückwärts gehen/laufen – rückwärts hüpfen – vorwärts hüpfen – Einbeinhüpfen – auf allen Vieren kriechen – über den Boden wälzen oder rollen u.ä. Die Kinder können die Fortbewe-gungsarten wählen, die ihnen am besten gefallen.	Kinder frei im Raum. „ – “ –

Phase/ Zeit	Didaktisch-methodische Absicht	Inhalt	Organisation/ Medien
10'	Die Kinder nehmen den Raum in seiner Begrenzung und in seiner Größe auf. Dabei sollen sie überlegen, wie sie möglichst schnell alle vier Seiten berühren können (nur an den gegenüberliegenden Ecken beide Seiten berühren). Ihnen werden die Einrichtung des Raumes sowie die Gegenstände über Ertasten und Benennen durch L. und Mitspieler bewußt gemacht. Sollten durch herumstehende Gegenstände die vier Wände nicht klar erkennbar sein, verdeutlicht der L. dies mit Hilfe eines Kartons oder läuft vor. Im Kreis, in der Mitte sitzend, tauschen L. und Kinder ihre Erfahrungen aus. Dieser kognitive und verbale Schwerpunkt dient auch der Beruhigung und Konzentration.	Die Kinder sitzen in der Mitte des Raumes um den L. herum. Auf Kommando sollen sie – alle 4 Wände anschlagen – alle 4 Ecken anschlagen – alles berühren, was aus Holz, Metall, Gummi, aus Kunststoff usw. ist und dann wieder zum L. in die Mitte kommen. Sie setzen sich hin und erzählen ihre Eindrücke.	 Kinder sitzen in der Mitte des Raumes um den L. Von dort laufen sie in alle Richtungen, kommen aber immer wieder in die Mitte zurück. „ – '' – (evtl. 1 Schuhkarton)
II. 10'	Die Beziehung der Kinder, der ganzen Gruppe, zum Raum wird über Aneinanderreihungen und -schachtelungen in vielfältiger Weise erfahren. Die Eindrücke: Lange, weite Schlange oder dicht gedrängt hintereinanderstehend/sitzend/liegend werden gesammelt und verbalisiert. Die Kinder sollen zu der Erkenntnis gelangen, daß eine gleiche Menge bzw. gleiche Anzahl von	Die Kinder erkunden, wie sie sich stellen/setzen/legen können, damit alle Personen in einer Reihe längs/quer/diagonal den Raum ausfüllen. Sie probieren selbständig die Lösungsmöglichkeiten aus. Wie ist es, wenn man nebeneinander/hintereinander steht/sitzt/liegt?	Kinder frei im Raum. „ '' –

Phase/ Zeit	Didaktisch-methodische Absicht	Inhalt	Organisation/ Medien
	Kindern unterschiedlich aussehen kann: Sie kann viel Raum einnehmen, sie kann auf einen kleinen Fleck zentriert sein.		
10'	Die vorherige Übung wird vertieft und eingegrenzt. Der ganze Raum und die ganze Gruppe werden aufgeteilt. Jede Kleingruppe probiert für sich die optische Wirkung von Mengen aus. Die Kinder können in der kleinen Gruppe intensiver Erfahrungen austauschen und Probleme erörtern. Der L. sieht auch besser, wo noch geholfen werden muß.	Die Kinder probieren alleine aus, wie man stehen/sitzen/liegen kann, damit die Gruppe einmal klein, dann wieder groß wirkt.	Ca. 5 – 6 Kinder in einer Gruppe.
3'	Der Raum wird durch die Reifen untergliedert; den Kindern wird eine Orientierungshilfe gegeben. In spielerischer Form, motivationsstärkend, wird eine weitere Variation der Raumerfahrung angeboten. Die Kinder/ die Gruppe ordnen sich einem Reifen zu und versuchen, auch als größere Menge darin Platz zu finden. Wesentlich ist auch hier die gegenseitige Hilfeleistung. Bei mehreren Kindern muß man sich gegenseitig festhalten, um nicht aus dem Reifen herauszutreten.	Die Kinder laufen/gehen frei im Raum. Auf ein Zeichen (die Musik stoppt) finden sich die Kinder zu der Anzahl **im** Reifen, die der L./ein Kind nennt: 1 = 1 Kind im Reifen 3 = 3 Kinder im Reifen 7 = 7 Kinder im Reifen usw.	Pro Kind liegt je 1 Reifen gleichmäßig im Raum verteilt auf dem Boden. 1 Tambourin (evtl. Musik zum Gehen/ Laufen. Wenn die Musik abstoppt, bleiben die Kinder stehen).

Phase/ Zeit	Didaktisch-methodische Absicht	Inhalt	Organisation/ Medien
III. 12'	Nachdem die Kinder nur die geraden Linien im Raum oder die Ansammlung an einem Punkt ausprobiert haben, werden bestimmte Raumwege durch den L. vorgegeben. Die ganze Gruppe muß dem L. folgen. Konzentration, Aufmerksamkeit sowie Anpassung sind gefordert. Die Musik erleichtert das Gehen und soll die Kinder anregen.	Polonaise. Die Kinder laufen hinter dem L. zu einer Polonaise – zu Paaren – in Vierer-, Achterreihen – durch ein Tor – aneinander vorbei, alleine oder zu Paaren – zu einer Schlange – zu einer Schnecke usw.	Kinder nach L.-Vorbild. Kassettenrecorder. Musik zum Gehen.
IV. 10'	Der Raum wird in seiner Weite nur über den visuellen und auditiven Sinn erfahren. Der ganze Körper (Propriozeptoren, Kinästhesie) ist dabei beteiligt, wenn beim Wurf viel bzw. wenig Kraft aufgewendet werden muß. Die Säckchen liegen weit hinten oder dicht bei dem Kind. Dabei prägen sich die Begriffe bzw. Beziehungen: groß – weit und nah – dicht – eng ein. Sobald die Kinder bis an eine vorgegebene Markierung werfen müssen, ist starke Konzentration gefordert.	Die Kinder stehen nebeneinander längs der Raumwand. Auf ein Zeichen des L. werfen sie alle gleichzeitig/alle nacheinander die Säckchen so weit sie können in den Raum. Auf ein Zeichen holen alle Kinder zur gleichen Zeit die Säckchen zurück und werfen erneut. Dgl. – Wer wirft am weitesten? (Sieger feststellen!) – Wer kann bis zur bestimmten Markierung werfen? – Wer kann ganz nah werfen?	Pro Kind: 1 Bohnen- (Sand-) säckchen. Klebestreifen (Linie auf dem Boden).
8'	Neben dem propriozeptiven bzw. kinästhetischen Sinn beim Wurf ist noch der auditive Sinn beteiligt. Um den Lernablauf zu intensivieren, wird der visuelle Sinn ausgeklammert.	Die Augen sind geschlossen (verbunden). Die Kinder werfen nacheinander das Säckchen und gehen/kriechen dann bis zu der Stelle hin, wo sie meinen, daß ihr	Pro Kind: 1 Tuch zum Augenverbinden. Pro Kind: 1 Bohnensäckchen.

Phase/ Zeit	Didaktisch-methodische Absicht	Inhalt	Organisation/ Medien

	Die Kinder lernen, sich alleine auf ihr Gehör zu konzentrieren, um an den geworfenen Gegenstand möglichst dicht heranzukommen. Ängstliche Kinder werden vorsichtig tastend gehen, andere wieder forsch, z. T. oft zu überhastet und wenig konzentriert. Die Kinder müssen sich sehr sammeln und völlig ruhig sein. Bei unruhigen Kindern muß erst an die entsprechende Stelle gekrabbelt, danach erst gelaufen werden.	Säckchen aufgekommen sei. – Dgl. mit nur einem Werfer (1 Kind oder L). Dieser wirft, alle übrigen gehen/kriechen möglichst dicht an die Stelle, wo das Säckchen liegt. – Anschließend werden zur Kontrolle die Augen geöffnet.	1 Säckchen pro Gruppe.
V. 17'	Nach dem Üben in der Gruppe suchen sich die Kinder einen Partner. Sie lernen, über die Aufgabe „Führen und Folgen" Vertrauen zu einem Partner aufzubauen. (Der L. greift ein, wenn er Rücksichtslosigkeit erkennt.) Die Konzentrations- und Merkfähigkeit der Kinder wird stark gefördert, wenn sie den Raumweg nachvollziehen sollen. Ein höheres Niveau ist erreicht, Umdenken wird gefördert, wenn der Raumweg „rückwärts" gegangen werden muß. Der führende Partner wird in seiner Lehrfunktion bestätigt, wenn er die korrekte Ausführung kontrolliert. Zur besseren Orientierung kann zu Beginn ein Seil ausgelegt werden. Vor	Die Kinder führen einen Partner, der die Augen verbunden hat, durch den Raum. Der Ausgangspunkt wird markiert. Der Raumweg soll klar strukturiert sein, z.B.: Der Partner öffnet am Schluß die Augen, geht zum Ausgangspunkt zurück und soll den Weg mit geöffneten Augen nachgehen. Die Korrektur erfolgt durch den Partner, anschließend wird gewechselt.	Kinder fassen sich zu Paaren an die Hand. Pro Paar: 1 Tuch zum Verbinden der Augen.

Phase/ Zeit	Didaktisch-methodische Absicht	Inhalt	Organisation/ Medien
	dem Öffnen der Augen schiebt der Partner es zur Seite. Das Kind wird über die Vorstufen: Raum ausgehen – sich an einen Weg halten – den Weg verinnerlichen – den Weg zweidimensional aufzeichnen – zum Verstehen von Zeichen und Symbolen geführt.	Als Vorstufe kann das geführte Kind das Seil so auf den Boden legen, wie es meint, geführt worden zu sein.	Evtl. 1 Seil pro Paar.
		Die Kinder zeichnen diesen Weg mit Kreide auf den Boden, dann auf ein Blatt Papier.	Pro Paar: 1 Stck. Kreide, 2 Blatt Papier, 1 Stift.
10'	Zur Lernkontrolle wird der methodische Schritt des Gehens nach einer Zeichnung gewählt: Die Kinder erhalten vom L. eine Karte mit dem aufgezeichneten Raumweg und sollen ihn nachgehen. Als Belohnung und Verstärkung ist am Ende des Weges eine „Überraschung" versteckt. Die ganze Gruppe beobachtet das einzelne Kind und lenkt wenn nötig über kleine Hilfen (auch Partner). Dadurch wird die Spannung erhöht.	Jedes Kind läuft den vorgegebenen, auf der Karte eingezeichneten Weg. Am Ende findet es eine kleine Belohnung (unter einem Tuch versteckt), die es sich abholt.	Pro Kind: 1 kleine Überraschung, 1 Kärtchen mit Raumwegzeichnung. Die Kinder laufen einzeln nacheinander. Sie sitzen auf einer Bank und beobachten jedes Kind.

3.7 Farbwahrnehmung

Ziele: Die Kinder sollen
- die Grundfarben erkennen und benennen
- Farben und Materialien sortieren bzw. zuordnen
- Farben im Raum herausfinden und benennen
- Farben in der Kleidung wiederfinden
- selbst mit Farben umgehen (malen)
- mit einer Farbe eine Handlung verbinden

Phase/ Zeit	Didaktisch-methodische Absicht	Inhalt	Organisation/ Medien	
I. ca. 3'	Vermittlung von Wissen über die 3 wichtigsten Farben. Zeigen der Farbtöne. Merken der Begriffe.	Der L. zeigt Karten in den Farben rot/blau/gelb. Er benennt die Farben und betont, daß es diese 3 Grundfarben gibt.	Farbkarten/Stoffe in den 3 Grundfarben. Kinder sitzen/stehen um den L.	
5'	Dem Bewegungsdrang der Kinder soll entsprochen werden. Lernkontrolle: Die Kinder sollen die Farben erkennen und zeigen. Sie erhalten die direkte Bestätigung bei richtiger Lösung. Für schwache Kinder gibt es die Möglichkeit, sich an den Gruppenmitgliedern zu orientieren. „Platzsuchspiel" – mit Wiederfinden des Platzes	Die Kinder bringen dem L. die von ihm genannte Farbe (im Wechsel nacheinander) und legen die Karten/Tücher dann wieder zurück auf den Boden. Wie oben, die Gegenstände wieder genau an die gleiche Stelle zurücklegen.	Farbkarten/Stoffe liegen verteilt auf dem Hallenboden. L. steht so, daß er die Gruppe gut überblicken kann.	
12'	Die Kinder sollen sich im Raum orientieren. Die richtige Lösung wird nicht durch den L. festgelegt, sondern andere Kinder korrigieren. Schwache	Die Kinder wechseln ihre Plätze und stellen sich zu den vom L. benannten Farben. – Farbwechsel –	Kinder kreuz und quer im Raum. Die Karten/Stoffe werden immer wieder auf den	

Phase/ Zeit	Didaktisch-methodische Absicht	Inhalt	Organisation/ Medien
	Kinder haben die Möglichkeit, sich neben ein anderes Kind zu stellen. Die Kinder sollen alleine die Lösung finden. Demonstration des Lernerfolges. Die Bestätigung erfolgt durch die Gruppe. Verstärkt werden die Kinder körperlich beansprucht und durch den schnellen Wechsel der Bewegungsaufgaben motiviert.	Wie oben, es darf jedoch nur je ein Kind an einem Gegenstand stehen. Dgl., die Farbkarte/das Tuch wird hochgehoben. Wie oben, anschließend treffen sich alle Kinder in einer Gruppe zusammen. – Farbwechsel –	Hallenboden zurückgelegt. Die Kinder laufen erst verteilt im Raum, finden sich zusammen, gehen wieder auseinander.
5'	Die Kinder helfen dem L. beim Einsammeln der Gegenstände. Gleichzeitig müssen sie sich gegenseitig helfen und bei der Farbsortierung kontrollieren. Materialkenntnis: Unterscheidung Tuch – Papier.	Die Kinder sortieren Stoff von Papier aus und legen die Häufchen nach Farben und Material geordnet nebeneinander an der Hallenwand aus.	Kinder sammeln Gegenstände ein und sortieren sie. Häufchen liegen nebeneinander.
II. 15'	Die Kinder sollen die Farben im Raum wiederfinden und lernen, sich im Raum zu orientieren. Schwache Kinder orientieren sich an den Gruppenmitgliedern. Die Kinder sind stark motiviert, wenn sie selber die Anweisungen geben dürfen. Sozialkontakte werden nicht über die unmittelbare Berührung (manchmal unangenehm), sondern indirekt über die Verbindung mit Tüchern angebahnt. Das Schreiten wird über die Musik unterstützt.	Die Kinder laufen zu den vom L. farblich benannten Seiten und kommen wieder zurück. Wie oben, jedoch rufen die Kinder (Wechsel) die Farben aus, die angelaufen werden sollen. Wie oben, die Kinder bleiben aber bei den Tüchern. Sie fassen diese an den Enden, bilden eine Schlange und gehen nach Musik. Dgl. wie Aufgabe 1 und 2, es werden jedoch zwei/drei Farben gleichzeitig gerufen, die alle mit dem Körper berührt werden müssen.	Nur Stofftücher. Je 1 Farbkarte. Klebeband. Stofftücher von jeweils einer Grundfarbe liegen an je einer Hallenseite aus. Je 1 entspr. Farbkarte klebt an der Wand darüber. Kinder stehen in der Mitte d. Raumes um den L. Lauf zur entspr. Farbseite. Musik zum Gehen od. Schreiten. Gehen in 2 bzw. 3 Schlangen.

Phase/ Zeit	Didaktisch-methodische Absicht	Inhalt	Organisation/ Medien
5'	Es schließt sich eine Phase der Beruhigung bzw. Entspannung an. Die Kinder können sich für die nächsten Aufgaben konzentrieren. Partner- bzw. Dreiergruppenbeziehungen können über die Farbzuordnung angesteuert werden.	Die Kinder liegen auf dem Boden und entspannen sich nach Musik. Wie oben, die Kinder greifen sich jeweils ein Tuch in den vom L. genannten Farben u. legen sich zu Paaren/Dreiergruppen nebeneinander. – Die Farbangabe wechselt: rot – blau rot – gelb blau – gelb rot – blau – gelb.	Die Kinder liegen mit dem Rücken auf dem Boden. Gesicht wird mit einem Tuch der Lieblingsfarbe verdeckt. Musik zum Entspannen und Beruhigen. Kinder holen die entspr. Tücher; liegen dann zu Paaren/Dreiergruppen nebeneinander.
10'	Die Kinder arbeiten ohne L.anweisung in den Kleingruppen u. kommunizieren untereinander. Die Kinder sollen sich selbständig nach Farben in neue Gruppen einteilen und zusammenfinden.	Jeweils ein Kind gibt den beiden anderen Kindern das farbige Tuch, welches vom Mitspieler gewünscht wird. Wie oben, anschließend Zusammentreffen aller Gruppen, Austausch der Tücher. Jeweils die Gruppe in derselben Farbe findet sich zusammen. – Wiederholung –	Je 3 Tücher in den 3 Grundfarben. Dreiergruppen verteilt im Raum. „ – “ – Gruppenwechsel. Je 1 Kind 1 Tuch.
III. 10'	Die Kinder sollen die Grundfarben in den Abstufungen (Mischtönen) auch in ihrer Kleidung wiedererkennen. Die Situation ist jetzt realistisch.	Spiel: „Fischer, welche Fahne weht heute?" Ein „Fischer" steht auf der einen Hallenseite; alle anderen Kinder auf der Gegenseite. Auf den Ruf der Gruppe: „Fischer, welche Fahne weht heute?", antwortet der Fischer: „Die gelbe" (oder rote, blaue). Die	Farbige Tücher (je eines mit Sicherheitsnadeln angeheftet; nur bei ganz schwachen Kindern bzw. denjenigen, die nicht die Grundfarbe in ihrer Kleidung haben). Kinder alle an der Längsseite des Raumes.

Phase/ Zeit	Didaktisch-methodische Absicht	Inhalt	Organisation/ Medien
		Kinder, die die genannte Farbe in ihrer Kleidung haben, wechseln ungehindert auf die andere Seite. Die anderen Kinder werden vom Fischer (u. Helfer) eingefangen. Die abgeschlagenen Kinder helfen dem Fischer beim Fangen. Die Gruppe fragt erneut …	1 Kind (u. Helfer) stehen sich gegenüber.
IV. 25'	Die Bewegungserziehung greift über in das Fach Kunsterziehung. Vertiefend sollen sich die Kinder mit den Farben auseinander- und diese phantasievoll einsetzen. Die eingeübten Kenntnisse werden gefestigt. Das vorgeschlagene Motiv „Luftballon" bereitet auf die folgende Übungseinheit mit den bunten Luftballons vor. Die Kinder werden sich später an diese Übungseinheit erinnern.	Die Kinder malen gemeinsam – erst die einzelnen Grundfarben nacheinander – dann in Kombination – als kleines Bild auf das Papier. Motiv „Luftballons" (Vorschlag).	Große Tapetenrollen. Pro Kind: dicke Farbstifte/ Wachsmalblöcke in rot/blau/ gelb. (Je 2 Luftballons aufgeblasen in den Grundfarben.) Kinder sitzen in 3er-/4er- Gruppen auf dem Boden.

3.8 Wahrnehmung der koordinierten Bewegungen

Ziele: Die Kinder sollen

- Geräuschmöglichkeiten mit einem Ballon herausfinden
- kreativ mit dem Ballon umgehen
- phantasievoll den Ballon in eine Spielhandlung einbauen
- mit ihrem Körper umgehen und ihn beherrschen lernen
- Hilfsmittel zum Schlagen des Ballons kontrolliert einsetzen
- zielen und treffen
- Bewegungsabläufe vorwegnehmen und planen
- sich auf einen Bewegungsablauf einstellen
- Bewegungen in verschiedenen Raumlagen kontrolliert ausführen
- sich auf einen Partner einstellen
- gemeinsam miteinander spielen
- Regeln einhalten

Phase/ Zeit	Didaktisch-methodische Absicht	Inhalt	Organisation/ Medien
I. ca. 7'	Es muß den Kindern Zeit gelassen werden, den Ballon frei auszuprobieren: Luft ein- und abzulassen, den Ballon wie eine Rakete in den Raum schießen zu lassen und viele Geräusche durch den Ballon zu erzeugen. Haben sie ausreichend Erfahrungen gesammelt, bleibt der Ballon aufgeblasen. Den Kindern muß beim Blasen evtl. geholfen werden, ebenso beim Zuknoten.	Die Kinder blasen die Rundballons auf. Dabei können sie erkunden, möglichst viele und unterschiedliche Geräusche aus dem Ballon herauszulocken. Wenn sie das Ablassen der Luft ausreichend erprobt haben, wird der Ballon ca. kopfgroß aufgeblasen und mit Hilfe einer Schnecke/eines Knotens verschlossen.	Pro Kind: 1 Rundballon. Kinder frei im Raum. 

Phase/ Zeit	Didaktisch-methodische Absicht	Inhalt	Organisation/ Medien
7'	Die Kinder lernen, alle Körperteile bzw. alle Körperpartien, also nicht allein die Hände zum Schlagen des Ballons einzusetzen. Sie sollen ihren Körper sicher beherrschen lernen, indem sie die Bewegungen kontrollieren. Sie müssen zielen, treffen, einen Bewegungsimpuls steuern und regulieren, Bewegungen vorausplanen und sich darauf einstellen. Dadurch sind sie stark in der Konzentration gefordert. Fällt den Kindern die behutsame Bewegung schwer, kann beruhigende Musik helfen, den Ablauf zu regulieren, d. h. ihn zu verlangsamen.	Der Ballon wird auf möglichst viele Arten geschlagen: mit den Händen, einem Finger, der Faust, der Schulter, dem Knie, dem Fuß, dem Kopf usw. Der Bewegungsimpuls soll wechseln: einmal fest, dann wieder leicht schlagen. Evtl. hilft beruhigende Musik im Hintergrund, wenn die Kinder immer noch zu hart und unkontrolliert schlagen.	Pro Kind: 1 Rundballon. Kinder frei im Raum, ohne sich anzustoßen. (Musik)
6'	Als Motivation wird die Wettkampfform gewählt. Es werden die gleichen Ziele wie oben verfolgt. Allerdings wird nicht auf die genaue Ausführung der Bewegung geachtet, da sie durch den Wetteifer „verzerrt" wird. Anstrengungsbereite Kinder sollen besonders herausgehoben werden. Der Übersicht halber setzen sich die Kinder hin, die den Ballon fallengelassen haben. So rückt der Sieger auch besser ins Licht.	Welches Kind läßt den Ballon am längsten oben? Alle Kinder schlagen den Ballon mit demselben Körperteil. Es wird nacheinander ein anderes ausgewählt. Derjenige, der den Ballon auf den Boden fallen läßt, setzt sich an diesem Platz hin.	Pro Kind: 1 Rundballon. Kinder frei im Raum. Sie setzen sich auf den Boden oder an den Rand, wenn ihr Ballon den Boden berührt.

Phase/ Zeit	Didaktisch-methodische Absicht	Inhalt	Organisation/ Medien
II. 5' (15')	Es kommt eine weitere, erschwerende Variante hinzu: Die Kinder sollen aus einer bestimmten Raumlage sicher schlagen lernen. Während sie erst in dieser Position verharren, wird anschließend der Wechsel der Positionen vom Stand bis zum Liegen ausprobiert. Ideenvolle Kinder können ihr „zirkusreifes" Können vor der Gruppe demonstrieren. Als Motivation dienen der Zylinder und der Umhang. Die Kinder können, wenn es sich ergibt, in die Rolle eines „Artisten im Zirkus" schlüpfen.	Schlagen des Ballons mit verschiedenen Körperteilen. Es wechselt jeweils die Körperposition: Im Stand, im Knien, aus dem Sitzen, aus der Rückenlage, aus der Bauchlage. Die Kinder können danach versuchen, aus dem Stand über Knien und Sitzen in die Bauch- bzw. Rückenlage zu kommen. Sie bewegen sich dann wieder zurück zum Stand. Ideenvolle Kinder können zeigen, was sie können. Wie Zirkusartisten – sie bekommen Zylinder und Umhang – treten sie vor der Gruppe auf.	Pro Kind: 1 Rundballon. Kinder frei im Raum in verschiedenen Positionen und Raumlagen. (1 Zylinder, 1 Umhang) 1 Kind vor der Gruppe (Zuschauer) – evtl. auch mehrere Kinder.
ca. 5'	Als weitere Variation zur Festigung des Bewegungsablaufes wird ein Gerät zum Schlagen des Ballons eingesetzt. Die Bewegung muß noch deutlicher dosiert und genauer gesteuert werden. Es ist darauf zu achten, daß sich die Kinder nicht mit den Stöcken oder Löffeln schlagen!	Dgl. wie die letzten beiden Übungen mit einem Schlaggerät in der Hand: Löffel, Keule, Stab o. ä.	Pro Kind: 1 Ballon und 1 Schlaggerät: Holzlöffel, Löffel, Keule, Stab o. ä. Kinder frei im Raum.
5'	Die Bewegung soll mit einem bzw. auf einen Partner abgestimmt werden. Die Kinder lernen, miteinander zu spielen, Rücksicht zu nehmen, sich abzusprechen und aufeinander einzustellen.	Die Kinder schlagen sich zu Paaren oder in Kleingruppen mit dem Handgerät den Ballon zu.	Pro Paar: 1 Ballon (geschickte Kinder 2 Ballons), je 1 Schlaggerät. Kinder zu Paaren oder in Kleingruppen frei im Raum.

Phase/ Zeit	Didaktisch-methodische Absicht	Inhalt	Organisation/ Medien
III. 10'	In einer Großgruppe sollen die Kinder versuchen, gemeinsam miteinander zu spielen. Sie müssen sich aufeinander einstellen, sich abstimmen, sich gegenseitig zuspielen und Regeln anerkennen. Es wird der erste Versuch gemacht, in einer Mannschaft zu spielen. Der Zeitlupenball fliegt so langsam, daß man Zeit hat, seine Bewegungen darauf abzustimmen. Auch ist der Ballon so groß, daß er gut getroffen werden kann. Die Kinder dürfen nicht zu fest schlagen. Auch sollen nicht immer dieselben Kinder schlagen. Als Vorbereitung auf die großen Spiele kann ein Regelverständnis aufgebaut werden.	Es werden 2 Mannschaften gebildet. Die Kinder schlagen einen Zeitlupenball über eine Schnur. Der Ballon soll möglichst nicht den Boden berühren. Er darf innerhalb der eigenen Gruppe beliebig oft geschlagen werden. (Bei älteren Kindern kann die Regel eingeführt werden, daß der Ballon nach der 3. oder 5. Berührung zur Gegenmannschaft geschlagen werden soll. Fällt der Ballon bei der Gegenmannschaft auf den Boden, erhält diese einen Minuspunkt.)	1 Zeitlupenball. 1 Schnur kopfhoch gespannt. Kinder stehen sich in 2 Mannschaften in einem Feld gegenüber (evtl. 1 Schiedsrichter).

3.9 Sozialwahrnehmung

Ziele: Die Kinder sollen
- miteinander verbal und non-verbal in Kontakt treten
- auf Signale reagieren
- Namen behalten und den Personen zuordnen
- Sympathie für einen Partner ausdrücken
- Vertrauen in eine Gruppe und einen Partner haben
- in der Verständigung Mimik und Gestik stark einsetzen
- eine Aufgabe partnerschaftlich lösen
- deutlich, langsam und verständlich sprechen

Phase/ Zeit	Didaktisch-methodische Absicht	Inhalt	Organisation/ Medien
I. ca. 10'	Bewegung aller Gruppenmitglieder: Sie sollen sich vertraut machen, „warm werden", miteinander reden und Interessen, Erfahrungen (evtl. Probleme) austauschen. Dadurch, daß der Kontakt sich wieder auflöst, wird die erste Scheu schnell abgebaut: Man muß nicht zu viel von sich preisgeben, kann mit einem neuen Partner reden, kann aber auch beim alten bleiben, wenn das Gespräch interessant war. Während bei der Musik alleine weitergegangen wird, können die Kinder über das Gespräch nachdenken, sich auch schon neuen Gesprächsstoff überlegen und den Wunschpartner ansteuern.	Die Kinder gehen nach Musik im Raum, bleiben stehen, wenn die Musik abstoppt, und stellen sich einem/mehreren Partnern vor: – nennen ihren Namen – erzählen, was sie gestern gemacht haben – tauschen ihre Interessen aus – fragen, was man am Nachmittag/ Abend vorhat usw. Wenn die Musik wieder spielt, gehen die Kinder weiter. Sie treten mit der nächsten Gruppe/dem Partner in Kontakt, sobald die Musik abstoppt.	Kassettenrecorder. Musik: zum Gehen (Laufen). Kinder frei im Raum finden sich zu Kleingruppen/ Paaren, sobald die Musik stoppt. 

Phase/ Zeit	Didaktisch-methodische Absicht	Inhalt	Organisation/ Medien	
7'	Durch das Gespräch hat sich die Gruppe schon kennengelernt, die ersten Hemmungen wurden abgebaut. Das etwas nähere Kontaktieren geht über die Körperberührung, wovor natürlicherweise einige Kinder eine Barriere haben. Wenn sich jedoch mehrere Kinder zu einer Gruppe mit entspr. Körperberührung zusammenfinden müssen, wird diese Scheu über das Spiel überwunden.	Dgl. ohne Worte. Man tritt in Kontakt über die Körperberührung: Der L. nennt z. B. „Schulter", „Rücken", „Bein", „Hüfte", „kl. Finger", „Kopf" usw. Die Kinder berühren sich an dem genannten Körperteil. (Zusätzlich kann die Gruppenstärke gezeigt und genannt werden.)	„ – " – In der vom L. genannten u. gezeigten Gruppenstärke.	
5'	Die Namen prägen sich auditiv durch ständiges Wiederholen ein. Dadurch, daß die Kreisform gewählt wurde, haben alle Kinder Blickkontakt, was für das Kennenlernen wichtig ist. Gleichzeitig wird das Sprechen geschult.	Die Kinder sitzen/hocken im großen Kreis. Ein Ball wird einem gewünschten Partner zugerollt. Dabei nennt man den eigenen Namen und den des Ansprechpartners: „Ich heiße Gisela und rolle den Ball zu Martin" usw.	Kinder sitzen/hocken in einem großen Kreis. 1 Ball.	
8'	In einer anderen Variation wird dgl. Ziel wie oben verfolgt. Hinzu kommen die Orientierung rechts bzw. links und eine schnelle Reaktionsfähigkeit. Man kann sich das Kind, welches man mag, heranholen. Auf eine gute und deutliche Aussprache ist zu achten.	Die Kinder sitzen/hocken im Kreis. Bei einem Kind ist rechts ein Platz frei. Es klopft mit der Hand auf diese freie Stelle und sagt: „Mein rechter, rechter Platz ist leer, ich wünsche mir die ... (ein Kind aus der Gruppe wird genannt) her." Das aufgerufene Kind wechselt auf diesen freien Platz über. Jetzt holt sich das links von dem freigewordenen Platz sitzende Kind den	Kinder sitzen/hocken in einem Kreis. Ein Platz ist frei. (Evtl. Punkt auf re. Hand für rechts.)	

Phase/ Zeit	Didaktisch-methodische Absicht	Inhalt	Organisation/ Medien
	Diese Variation motiviert die Kinder und erfordert eine schnelle Reaktion.	gewünschten Partner usw. (Dgl. kann „links" gespielt werden oder „rechts" und „links".)	
7'	Durch Zublinzeln, ohne Worte, kann sich das Kind den Partner holen, den es mag. Ein Problem wird sein, daß 1. manche Kinder Schwierigkeiten haben zu blinzeln und 2. die Kinder anfangs häufig nicht merken, daß sie angeblinzelt werden, zumal die blinzelnde Person ständig wechselt. Die ganze Gruppe unterstützt die schwachen Schüler. Die Reaktionsfähigkeit des hinteren Partners ist angesprochen. Ein pfiffiges Kind wird taktisch handeln: das Kind festhalten, welches es mag, „unaufmerksam" sein, wenn es einen Partner loswerden will.	Die Kinder sitzen zu Paaren hintereinander im Hocksitz (oder stehen) im Kreis. Ein Kind hat keinen Partner vor sich. Die Hintenstehenden haben die Hände auf dem Rücken. Das alleinstehende Kind blinzelt einem Kind aus dem vorderen Kreis zu, welches zu ihm überwechseln soll. Der dahinterstehende Partner versucht, es zu verhindern, indem er es festhält, die Hände aber dann sofort wieder auf den Rücken nimmt. Konnte ein Kind entweichen, stellt es sich hinter den zublinzelnden Partner. Der jetzt Alleinstehende holt sich durch Blinzeln einen neuen Partner.	Kinder im Zweipaar-Stirnkreis. 1 Kind ohne Partner.
II. 8'	Die Kinder vertrauen sich einem Gruppenführer an. Dieser muß alle Kinder gewissenhaft führen und darauf achten, daß alle Kinder mitkommen und sich niemand verletzt. Die akustische Untermalung durch Klangstäbe erleichtert das gemeinsame Gehen in der Schlange.	Die Kinder fassen sich zu ca. 5 – 10 Personen an den Schultern und haben bis auf das erste Kind die Augen geschlossen. Nach dem Schlag von Klangstäben führt das erste Kind die Schlange durch den Raum. Der Weg führt über eine Matte, über Bänke – oder andere Hindernisse. Es ist darauf zu achten, daß sich kein Kind verletzt.	1 Klangstab. Ca. 8 – 10 Kinder zu einer Schlange an den Schultern angefaßt durchlaufen den Raum. 2 – 3 Matten. 2 – 3 Bänke als Hindernis oder andere Hindernisse.

Phase/ Zeit	Didaktisch-methodische Absicht	Inhalt	Organisation/ Medien
8'	Es soll das Vertrauen in die Gruppe gestärkt werden. Die Partner schieben das Kind **behutsam** im Kreis hin und her. Dieses Spiel wird **nicht** zum Wettspiel! Sobald das Kind in der Mitte Angst hat, rückt der Kreis dichter zusammen, es geht auf die Knie, oder ein anderes Kind geht in die Mitte. Es soll wenig geredet werden, evtl. spielt zur Begleitung dieses Vertrauensprozesses leichte Musik.	Ca. 8 – 10 Kinder stehen dicht gedrängt zu einem Kreis und halten die Hände in Brusthöhe. In der Mitte steht ein Kind mit geschlossenen Augen, die Füße bleiben fest am Boden verhaftet. Die Gruppe bewegt es **vorsichtig** im Kreis hin und her. Das Kind darf nicht fest gestoßen werden und nicht zu tief fallen. (Bei ängstlichen Kindern können alle in den Kniestand gehen.) Leichte Musik kann im Hintergrund gespielt werden. Es soll nicht zu viel geredet werden.	8 – 10 Kinder stehen dicht nebeneinander in Kreisform. 1 Kind in der Mitte. (Evtl. Kassettenrecorder und beruhigende Musik.)
10'	Diese Übung kann nur durchgeführt werden, wenn der L. die Gruppe gut kennt und als gewissenhaft einschätzen kann! Auch hier vertraut sich ein Kind der ganzen Gruppe an. Diese hat eine große Verantwortung. Das hochgehobene Kind gerät in einen angenehmen Schwebezustand, den es nur auskosten kann, wenn es nachher auch **langsam** wieder hinabgesenkt wird. Der Kopf und die Füße müssen durch je ein Kind gehalten werden. Evtl. kann das Kind auf eine Decke gelegt und von den Umstehenden hochgehoben werden.	Ein Kind liegt auf dem Rücken auf einer Matte und hält die Hände/ Arme über der Brust verschränkt, die Augen sind geschlossen. Alle anderen Kinder (10 – 15 Personen) stellen sich um das Kind – der Kopf und die Füße müssen von je einer Person gehalten werden, der L. faßt vorsichtshalber am Rücken an – und heben auf Kommando gleichzeitig langsam das Kind in Überkopfhöhe, lassen es dort kurz verweilen, senken den Körper wieder langsam und gleichmäßig und legen das Kind vorsichtig wieder auf die Matte zurück.	1 Matte als Unterlage. 1 Kind in Rückenlage auf der Matte. 10 – 15 Kinder um das Kind: 1 Kind faßt am Kopf, 1 Kind an den Füßen, L. in Rückenhöhe. (Evtl. das Kind auf eine Decke legen und anheben.)

Phase/ Zeit	Didaktisch-methodische Absicht	Inhalt	Organisation/ Medien
5'	Das Kind vertraut sich der Gruppe an. Es soll spüren, daß ihm nichts passieren kann. Es wird wiederum an die Verantwortung der Gruppe appelliert. Alle Kinder müssen aufmerksam sein und rechtzeitig vorausschauend reagieren. Man kann ängstliche Kinder und solche ohne Hemmungen gut beobachten.	Alle Kinder stehen rechts und links neben einer Gymnastikbank und halten die Hände nach vorne gestreckt in Kopfhöhe. Ein Kind läuft mit geschlossenen Augen über die Bank. Die ganze Gruppe sorgt dafür, daß das Kind nicht hinunterfällt. Am Ende der Bank steht ein Kind und reicht dem darüberlaufenden die Hand zum Absteigen. Das Kind stellt sich an das Ende der Bank, die ganze Gruppe rückt weiter, und das nächste Kind geht über die Bank.	1 Gymnastikbank. Alle Kinder rechts und links dicht neben der Bank. 1 Kind am Bankende. Jeweils 1 Kind läuft über die Bank.
III. 7'	Das Kind vertraut sich einem Partner an, der es nur über Druck und Zug durch den Raum lenkt. Der ganze Raum wird ausgegangen und niemand darf angestoßen werden. Erst, wenn der „blinde" Partner selbstsicher geht und nicht mehr schützend die Hände vor seinen Körper hält, ist der Vertrauensbeweis optisch erkennbar. Der L. kann beobachten, welche Kinder verantwortungsbewußt sind und welche er noch dahin führen muß.	Ein Kind befindet sich in einem Reifen, hat die Augen geschlossen und wird von dem Partner ohne Worte durch den Raum geführt. Es muß auf Rechts- bzw. Linksdruck reagieren, kann vorwärts- und rückwärtsgehen bzw. -laufen. – Partnerwechsel –	Pro Paar: 1 Reifen. Kinder zu Paaren. – Partnerwechsel –

Phase/ Zeit	Didaktisch-methodische Absicht	Inhalt	Organisation/ Medien
10'	Der Partner hat jetzt kein Mittel zur Lenkung in der Hand. Es bleiben ihm nur Mimik und Gestik. Der Partner muß verstehen, was gemeint ist und darauf angemessen reagieren. Evtl. kann es schon zu einem kleinen Pantomimenspiel zwischen beiden Personen oder einer Kleingruppe kommen.	Die Kinder finden sich zu Paaren. Ohne Worte, nur durch Winkzeichen, soll das Kind auf seinen Partner reagieren: Mitkommen, fortgehen, nicht mitspielen wollen, traurig sein, zusammen spielen usw. Die Bewegungen werden im ganzen Raum ausgeführt.	Kinder zu Paaren im ganzen Raum.
IV. 10'	Zum Abschluß soll das gemeinsame Transportieren von Geräten motivieren und belohnt werden. Die Vierergruppe hat ein gemeinsames Ziel und eine gemeinsame Verantwortung. (Es kann zu einem Wettbewerb zwischen den Gruppen kommen, was der L. nach Bedarf aufgreifen soll.) Dadurch, daß immer andere Geräte transportiert werden, müssen die Kinder ihre Bewegung ständig neu anpassen. Als Belohnung sind eßbare Gegenstände gewählt.	Die Kinder bilden Gruppen zu 4 Personen. Mit Hilfe eines Tuches transportieren sie gemeinsam Gegenstände (Holzklötze, Ball, Luftballon, Schokoladeneier, Äpfel) über eine bestimmte Strecke. Es kommt nicht auf Schnelligkeit an; die Geräte dürfen mit den Händen nicht berührt werden, sie sollen auch nicht vom Tuch fallen. Zum Schluß essen die Kinder die Schokoladeneier oder Äpfel auf.	4er-Gruppen. Pro Gruppe: 2 Malständer 1 Tuch 4 Bauhölzer 1 Tennisball 1 Tischtennisball 1 Luftballon kl. Schokoladeneier oder pro Person 1 Apfel.

3.10 Wahrnehmung der veränderten Situation

Ziele: Die Kinder sollen
- sich auf dem Air-Tramp alleine, mit einem Partner und in der Gruppe koordiniert und sicher bewegen
- vielfältige Fortbewegungsmöglichkeiten auf dem Gerät herausfinden und ausprobieren
- selbständig Lösungsmöglichkeiten für den Auf- und Abgang am Gerät finden und erproben
- den Druck und Widerstand des Air-Tramps erfahren
- spüren, wo auf dem Gerät Bewegung ausgelöst wird
- auf die Geräusche hören, sie unterscheiden und assoziieren
- sich auf dem Gerät entspannen
- auf den Partner und die Gruppe Rücksicht nehmen
- gemeinsam auf dem Air-Tramp spielen

Phase/ Zeit	Didaktisch-methodische Absicht	Inhalt	Organisation/ Medien	
I. ca. 5'	Um Verletzungen zu vermeiden, werden die Kinder mit den möglichen Gefahren durch das Gerät vertraut gemacht. Es kann jedoch nichts passieren, wenn die Einheit so wie beschrieben verläuft.	Die Kinder sitzen alle im Kreis mit dem L. auf dem noch nicht aufgeblasenen Air-Tramp (auf dem Trampolin). Der L. weist auf mögl. Gefahren hin. Die Kinder haben genau die Anweisungen u. Zeichen des L. zu befolgen. Kinder, die nicht darauf achten, müssen zusehen.	Alle Kinder auf dem Air-Tramp. – (Auf dem Trampolin je nach Gewicht nicht mehr als 10 Kinder – Sicherheitsbestimmungen am Trampolin beachten.) Air-Tramp oder großes Trampolin (wenn nicht vorhanden, Weichboden oder Luftmatratzen auf rutschfester Unterlage zu einer Fläche aneinandergelegt).	
10'	Die Kinder sollen sich an das Gerät gewöhnen. Sie müssen ihre Bewegungen dem beweglichen Untergrund anpassen und ständig ausbalancieren, um das Gleichgewicht zu halten. Wichtig ist,	**Langsames** Gehen auf dem Air-Tramp. Vorsichtig auftreten, den ganzen Fuß abrollen. Dann wieder fest abdrücken beim Gehen (nicht springen).	Die Kinder gehen kreuz und quer auf dem Gerät.	

Phase/ Zeit	Didaktisch-methodische Absicht	Inhalt	Organisation/ Medien
	daß sie vorsichtig und langsam gehen. Das Air-Tramp beansprucht die Kinder stark; deswegen müssen sie sich nach jeder Übung hinsetzen oder -legen.	Abschließend hinsetzen und ausruhen.	
5'	Die Kinder sollen sich gegenseitig stützen, trotzdem wird diese Bewegung schwerer, weil der Untergrund durch Zentrierung der Masse in die Tiefe gedrückt wird.	Die ganze Gruppe geht an den Händen angefaßt vorsichtig zu einem großen Kreis nach re. u. li.	Alle Kinder zu einem Kreis gefaßt.
5'	Gegenseitige Rücksichtnahme und Anpassung sind angesprochen.	Die Kinder gehen zu Paaren angefaßt kreuz und quer über das Gerät.	Kinder zu Paaren.
15'	Es werden verschiedene Fortbewegungsarten ausprobiert. Die Kinder werden dadurch sicherer in ihren Bewegungen und im Umgang mit dem Gerät.	Die Kinder überqueren die Matte: – auf allen Vieren – in der Hocke hüpfend – gehend – laufend mit großen Schritten – hüpfend im Schlußsprung.	Kinder alle an der Querseite des Air-Tramps; in einer Reihe nebeneinander wird das Gerät gemeinsam überquert.
10'	Wesentlich ist die Partner- und Gruppenhilfe. Von alleine sollen die Kinder helfen, wenn es gewünscht wird. Diese Form wird bei einigen Kindern als Wettspiel gesehen. Sie wollen möglichst schnell wieder am Ausgangspunkt sein und neu beginnen. Das Aufeinanderachten – vor allem, weil manche Kinder sich nicht so zügig bewegen können – ist Bedingung.	Dgl. wie oben, nur beginnen die Kinder vor dem Gerät. Sie sollen sich gegenseitig beim Auf- und Abgang auf das Air-Tramp helfen. Nach dem Abgang laufen sie um das Gerät herum u. beginnen wieder an der Ausgangsposition.	„ – " – Die Kinder stehen vor dem Gerät. Partner- u. Gruppenhilfe beim Auf- u. Abgang. Die Kinder bewegen sich im Strom.

Phase/ Zeit	Didaktisch-methodische Absicht	Inhalt	Organisation/ Medien
II. 10'	Diese Entspannungs- u. Konzentrationsphase ist nach der starken Beanspruchung notwendig. Ruhig sein und die Geräusche mit Erfahrenem assoziieren läßt die Phantasie der Kinder anklingen.	Die Kinder liegen alle flach auf dem Rücken oder Bauch auf dem Gerät, atmen langsam und tief und schließen die Augen. Sie horchen auf die Geräusche des Gebläses in der Matte u. lassen ihre Phantasie spielen (Assoziation mit Meereswellen, Wind o. ä.).	Die Kinder liegen alle gleichmäßig verteilt auf dem Gerät. (Wenn kein Air-Tramp vorhanden ist, leichte, beruhigende Musik einsetzen.)
5'	Die Kinder sollen sich auf Geräusche bzw. Bewegungen konzentrieren. Sie müssen genau hinhören und fühlen, in welchem Bereich die Bewegung ausgelöst wird.	Die Kinder liegen auf der Matte und haben die Augen geschlossen. Der L. tippt ein Kind an, welches langsam aufstehen soll. Alle anderen Kinder zeigen in die Richtung, aus der sie die Bewegung vermuten. Anschließend kommt ein anderes Kind an die Reihe. Es muß immer gewartet werden, bis wieder vollständige Ruhe eingekehrt ist.	„ – “ –
5'	Nach der Ruhephase werden die Kinder in die langsame Bewegung geführt. Sie müssen auf die Liegenden und Sitzenden achten und dürfen niemanden verletzen.	Die eine Hälfte der Kinder liegt oder sitzt auf dem Gerät. Der andere Teil bewegt sich gehend um die Sitzenden herum. Wechsel. – Dgl. im Hüpfen.	2 Gruppen: eine sitzt auf dem Air-Tramp, die andere geht. – Wechsel –

Phase/ Zeit	Didaktisch-methodische Absicht	Inhalt	Organisation/ Medien	
10'	In dem engen Kontakt zum Partner muß ganz besonders auf Verletzungen geachtet werden. Der Körper muß sicher beherrscht und kontrolliert werden. Dabei können von den Kindern noch weitere Partnerübungen ausprobiert werden.	Ein Kind faßt den sitzenden Partner an den Händen und hüpft dabei. – Wechsel – Dgl., indem man über dem liegenden Partner kniet und hüpft. Selbständiges Finden von weiteren Partnerübungen.	Kinder zu Paaren auf dem Gerät.	
10'	Der Zeitlupenball läßt den Kindern die Möglichkeit, die Bewegung langsam und vorsichtig auszuführen. Der Ball kann nur lange auf dem Gerät gehalten werden, wenn er ruhig geschlagen wird. Der Ball lenkt die Kinder auch von der Konzentration auf das Air-Tramp ab. Ängstliche Kinder vergessen, daß sie auf dem beweglichen Untergrund stehen und lösen evtl. ihre Verkrampfungen. Die Bewegungen sollen ins Unbewußte übergeführt und so gefestigt werden. Über das gemeinsame Spiel wird der Sozialkontakt gefördert.	Alle Kinder schlagen den Zeitlupenball so mit ihren Händen (Kopf), daß er nicht das Gerät berührt oder sich außerhalb ihrer Reichweite befindet.	1 Zeitlupenball. Eine Mannschaft auf dem Gerät. L. und einige Kinder als Helfer schlagen den herausschwebenden Ball zum Air-Tramp zurück.	

Raum für Notizen:

Ben Furman
Es ist nie zu spät, eine glückliche Kindheit zu haben
◆ 2. Aufl. 2000, 104 S., Format DIN A5, br
ISBN 3-86145-173-5, Bestell-Nr. 8398,
DM/sFr 29,80, ÖS 224,–

Erich Kasten
Übungsbuch Hirnleistungstraining
◆ 1998, 240 S. (137 Übungen),
Format 16x23cm, br
ISBN 3-86145-156-5, Bestell-Nr. 8552,
DM/sFr 34,00, ÖS 255,–

Renate Zimmer (Hrsg.)
Spielformen des Tanzens
Vom Kindertanz bis zum Rock'n Roll
◆ 4., überarb. Aufl. 2000,
240 S., Format 16x23cm, br
ISBN 3-8080-0456-8, Bestell-Nr. 1129,
DM/sFr 34,00, ÖS 255,–

Ulrich Rohmann
„Manchmal könnte ich Dich …"
Auch starke Kinder kann man erziehen, man muß
nur wissen wie!
So erziehe ich spielerisch mit Freude
◆ 2. Aufl. 1999, 142 S., Format DIN A5, br
ISBN 3-86145-174-3, Bestell-Nr. 8399,
DM/sFr 29,80, ÖS 224,–

Lilo Schmidt
Stubenhocker und Zappelphilipp
Zwei außergewöhnliche Kinder in der
Mototherapie
◆ 2., verb. Aufl. 2000, 136 S., 47 Farbfotos,
Format DIN A5, br
ISBN 3-8080-0465-7, Bestell-Nr. 1185,
DM/sFr 29,80, ÖS 224,–

Silke Schönrade / Günter Pütz
Die Abenteuer der kleinen Hexe
Bewegung und Wahrnehmung beobachten,
verstehen, beurteilen, fördern
◆ 2000, 208 S., farbige Abb., Format 16x23cm,
gebunden, ISBN 3-86145-154-9,
Bestell-Nr. 8391, DM/sFr 39,80, ÖS 299,–

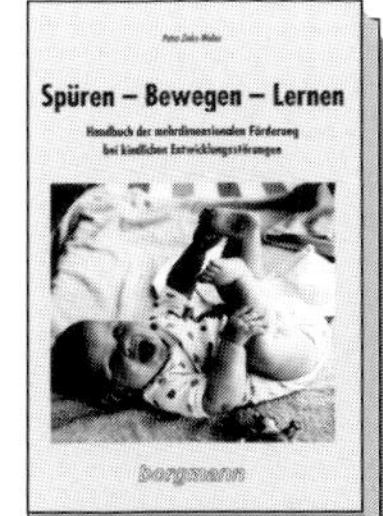

Petra Zinke-Wolter
Spüren – Bewegen – Lernen
Handbuch der mehrdimensionalen Förderung bei
kindlichen Entwicklungsstörungen
◆ 4., völlig überarb. Aufl. 2000, 312 S.,
Format 16x23cm, gebunden
ISBN 3-86145-191-3, Bestell-Nr. 8105,
DM/sFr 44,00, ÖS 330,–

Veronika Struck / Doris Mols
Atem-Spiele
Anregungen für die Sprach- und Stimmtherapie
mit Kindern
◆ 2. Aufl. 1999, 264 S., mit farbigem Register,
Format 17x24cm, Ringbindung
ISBN 3-8080-0420-7, Bestell-Nr.
1911, DM/sFr 44,00, ÖS 330,–

Herbert Steiner
Gemeinsam gestalten
Arbeitsbuch zur integrativen
Kreativitätsförderung
◆ 4., verb. Aufl. 2000, 224 S.,
Format 16x23cm, gebunden,
ISBN 3-86145-203-0,
Bestell-Nr. 8600,
DM/sFr 48,00, ÖS 360,–

Birgit Jackel
Das Netzwerk des Lernens aus neurophysiologischer Sicht
mit didaktischen Konsequenzen für Kindergarten
und Grundschule
◆ 2000, 184 S., durchgehend farbig,
Format DIN A5, br, ISBN 3-86145-202-2,
Bestell-Nr. 8131, DM/sFr 29,80, ÖS 224,–

Antje Zimmermann
Ganzheitliche Wahrnehmungs-Förderung bei Kindern mit Entwicklungsproblemen
Möglichkeiten der sensomotorischen Integration
– Ein Überblick
◆ 2. Aufl. 2000, 192 S., Format 16x23cm, br
ISBN 3-8080-0426-6, Bestell-Nr. 1183,
DM/sFr 38,00, ÖS 285,–

Haben Sie sich schon in unsere Kundendatei aufnehmen lassen?